MANUAL DE
EQUITACIÓN

MANUAL DE EQUITACIÓN

Entrenamiento completo del caballo y el jinete

The British Horse Society

Prólogo de
D. José Ignacio Merladet
Presidente Comisión de Enseñanza F. H. E.
Presidente Federación Vasca de Hípica

Contiene 55 ilustraciones esquemáticas

HISPANO
EUROPEA

Asesores técnicos: **Julia García Ràfols** y **Antonio Peral Vernet**

Título de la edición original: **The Manual of Equitation.**

Es propiedad, 1992
© **The British Horse Society**

Publicado en lengua inglesa por **The Kenilworth Press Ltd.** Addington. Buckingham MK18 2JR. (Inglaterra), como:
The British Horse Society, *MANUAL OF EQUITATION.*

© de la edición en castellano, 2007
Editorial Hispano Europea, S. A.
Primer de Maig, 21 - Pol. Ind. Gran Via Sud
08908 L'Hospitalet - Barcelona, España.
E-mail: hispanoeuropea@hispanoeuropea.com

© de la traducción: **Paquita Kriens.**

Depósito Legal: B. 47621-2007

ISBN: 978-84-255-1160-8

Cuarta edición

Consulte nuestra web:
www.hispanoeuropea.com

IMPRESO EN ESPAÑA   PRINTED IN SPAIN
LIMPERGRAF, S. L. - Mogoda, 29-31 (Polígono Industrial Can Salvatella) - 08210 Barberà del Vallès

Índice

Prólogo
a la edición española

Para poder establecer un manual de equitación como válido es necesario un consenso y una unificación de criterios que, en nuestro país, lamentablemente, todavía no poseemos.

Europa es la cuna de diversas escuelas y costumbres en la práctica de la equitación, pero destacan por tradición: la francesa, la alemana y la inglesa. De modo paralelo podríamos decir que entre ellas se establecen serias diferencias en su quehacer, si bien, si reflexionamos profundamente en ellas y llegamos a conocerlas a fondo, nos daremos cuenta de que no son tantas sino que más bien hay también mucha cuestión de formas, modas y matices.

Con esta nueva publicación vamos a dar un importante paso en nuestro país. Aunque ya hemos mencionado las principales tendencias, hemos elegido, tal vez, por su inteligibilidad, su asequibilidad y su fácil comprensión el *Manual de Equitación de la B.H.S. (British Horse Society)*.

Muchos son ya sus seguidores en nuestro territorio, pero o han trabajado con el original en inglés, hecho que –en algunas ocasiones– podría dificultar su acceso, o trabajaban con apuntes de discutible fiabilidad, etc.; precisamente por este motivo encuentro adecuada la publicación de este primer *manual*. Tal vez, porque este método inglés es *asequible* se encuentra ya extendido, en cierta medida, en nuestro país y muchos de nuestros profesionales ya guían sus enseñanzas siguiendo sus recomendaciones.

El *manual* presta atención desde la fase del jinete más novel, a quien recomienda iniciar sus primeros contactos con el caballo a la cuerda con la ayuda de un experimentado instructor, hasta el nivel de equitación que podríamos llamar "deportiva" sin pretender especializarse en ninguna modalidad: explicándonos clara y simplemente los fundamentos de la equitación..

Un elemento importante a tener en cuenta es que, en la utilización de la mayor parte de sus tecnicismos remite su explicación a los *Reglamentos* correspondientes de la F.E.I. (Federación Ecuestre Internacional).

En cuanto al adiestramiento del caballo se refiere, la obra inicia la doma del animal desde potro con el primer desbrave y familiarización con el equipo hasta la práctica de cualquier disciplina deportiva, sea cual fuere su posterior especialización.

Hoy, afortunadamente, esta Editorial ha tenido la feliz idea de lanzarse y editar un manual como éste. Creo que la idea es acertada y espero que será el primero de una serie, pues espero que nuestros lectores, una vez iniciados en el camino del sano aprendizaje, sean cada vez más exigentes.

José Ignacio Merladet
Presidente Comisión de enseñanza F.H.E.
Presidente Federación Vasca de Hípica.

Prólogo

El *Manual de Equitación* de la British Horse Society está basado en los primeros escritos clásicos legados por Jenofonte (430-354 a.de C.), que fueron mantenidos por la Escuela Española de Viena y actualmente adaptados para la competición por la Federación Ecuestre Internacional.

Reconociendo que es difícil, por no decir imposible, estipular unas normas estrictas y rápidas para el entrenamiento de caballos en general, el *Manual de Equitación* ofrece el consenso de opiniones de varias autoridades nacionales y, por consiguiente, refleja una visión general de la equitación en Gran Bretaña. No se ha llegado a ninguna doctrina absoluta, ya que Gran Bretaña es un país donde se valora el individualismo, y distintos caballos, jinetes y entrenadores siguen métodos distintos. Por ello, en los casos en que dos métodos diferentes son usados ampliamente y con exito en Gran Bretaña, se detallan ambos.

Este libro es el resultado de la dedicación de mucho tiempo y voluntad por parte de muchos miembros eminentes de la British Horse Society para discutir y escribir sobre el tema.

El *Manual de Equitación* es editado por Jane Kidd y Barbara Slane Fleming FBHS, ilustrado por Eve Littleton y Patricia Frost.

PRIMERA PARTE

Enseñanza del jinete

1

Posición del jinete

INTRODUCCIÓN

La base de toda equitación es la habilidad del jinete de sentarse en la silla en la posición clásica correcta y mantener esta posición con un mínimo de tensión en todas las circunstancias. La palabra "clásica" no es usada de modo pedante, sino que se refiere a una posición que se ha convertido en clásica, ya que ha subsistido a lo largo de los siglos como el modo más práctico de montar a caballo. Jenofonte (430 a 354 a. de C.) ya describió esta posición; es enseñada por la Escuela Española de Viena; y es la adoptada, con ciertas modificaciones, por la Federación Ecuestre Internacional, FEI, siendo la base de este libro.

El objetivo es que el jinete coloque la mayor parte de su peso de modo que al caballo le sea más fácil llevarlo; esto es, justo detrás de la cruz, cerca del centro de gravedad del caballo. Al adoptar una posición erguida, el jinete puede permanecer en equilibrio con el caballo, y esto es esencial para que caballo y jinete puedan trabajar en armonía. Cualquier desviación de esta posición ideal quedará reflejada en el movimiento del caballo y/o su carácter. Por ello es esencial que todo jinete serio trate de lograr un asiento verdaderamente clásico, hasta convertirlo en algo instintivo.

Lo anterior también es aplicable a la posición clásica para el salto, que se consigue al cerrar el ángulo de las caderas, rodillas y tobillos, permaneciendo en equilibrio con el caballo.

POSICIÓN BÁSICA

La posición descrita con detalle en los párrafos siguientes es la que debe adoptarse para montar en el picadero. Además de ser la posición en la que el jinete puede influir mejor sobre el caballo, es también la más elegante. El jinete está sentado en la parte más profunda de la montura, con su peso distribuido por igual sobre ambos isquiones y sostenido por el asiento, los muslos y los pies, estos últimos descansando sobre los estribos, pesando lo justo para mantenerlos en su lugar. El centro de gravedad del jinete se halla próximo al del caballo, es decir detrás de la cruz. Debe haber un mínimo de tensión, física y mental, para lograr y mantener la posición correcta. La intensidad del tono muscular debe oscilar entre la relajación extrema y tensión.

VISTA DE LADO

Vista de lado, la posición correcta queda reflejada en la figura *1a,* con una línea vertical que transcurre desde la oreja del jinete, por el hombro y la cadera hasta el tobillo. Esta línea se mantiene invariada, salvo en el trote levantado. La posición del cuerpo vista de lado debe ser:

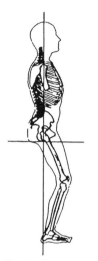

Fig. 1a. Posición básica.

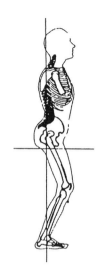

Fig. 1b. Espalda hundida.

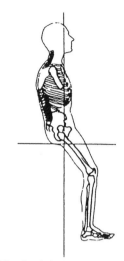

Fig. 1c. Asiento volcado.

• *Cabeza.* El jinete mira en la dirección en la que va, y si necesita mirar hacia abajo lo hará sin bajar la cabeza. La cabeza no debe inclinarse hacia atrás, ni hacia abajo, y la mandíbula no debe mantenerse rígida.

• *Hombros.* Deben estar caídos y bien hacia atrás, sin rigidez. Esto se logra mayormente sacando el pecho, en vez de cuadrar los hombros.

• *Espalda.* El cuerpo se mantiene erguido, como en la figura *2a,* con la espalda recta pero flexible. No debe volcarse hacia atrás ni arquearse hacia adelante, sino mantener la curvatura natural de la columna vertebral.

• *Cintura.* No se debe doblar hacia atrás (asiento volcado), ni hacia adelante (asiento adelantado), ni lateralmente (cadera doblada). (Figura *2b.*)

• *Caderas.* Deben tensarse ligeramente hacia adelante, con la pelvis erguida, de modo que las costuras laterales del pantalón queden rectas y en ángulo recto con el dorso del caballo.

• *Piernas.* Los muslos deben estar planos contra la montura. El tono muscular

debe ser mínimo, con tensión en muslo, cadera y toda la pierna. La rodilla y la punta del pie miran hacia adelante para facilitar que el jinete quede sentado más profundo en la silla. La articulación de la rodilla no debe estar forzada contra la montura, sino relajada, de modo que la pantorrilla cuelgue con naturalidad, suavemente pegada al cuerpo del caballo. Las piernas deben tener el tono muscular adecuado para mantener un contacto constante con el caballo.

• *Pies.* La parte más ancha del pie descansa sobre el estribo, sólo pesando lo justo para mantener los estribos calzados. Los estribos deben quedar nivelados, sin pesar más sobre el lado interior o el exterior, el talón ligeramente más bajo que la punta del pie, y manteniendo la articulación del tobillo flexible.

• *Brazos y manos.* La parte superior del brazo debe colgar de manera relajada, sin quedar por detrás de la vertical. Las articulaciones de hombros y codos deben estar flexibles, para permitir que las manos sigan el movimiento de la cabeza del caballo. Debe haber un mínimo de tensión en el an-

Fig. 2a. Posición del jinete vista por detrás. El jinete está sentado recto.

Fig. 2b. Cadera derecha encogida.

mente en línea con el ángulo del cuerpo del caballo con relación al suelo; es decir, si el caballo se inclina hacia el interior, el jinete debe hacer lo mismo.

- *Cabeza.* La cabeza y el cuello deben estar rectos sobre los hombros y no inclinados hacia un lado.
- *Hombros.* Los hombros deben estar a la misma altura sin encogerse ni rígidos.
- *Codos.* Los codos deben estar al mismo nivel, ni abiertos hacia fuera, ni apretados contra el cuerpo, sino relajados con naturalidad.
- *Asiento.* Las caderas deben estar rectas hacia adelante, con el peso repartido por igual sobre ambos isquiones, y la costura central de los pantalones en línea con el centro de la silla.
- *Pantorrillas.* Las pantorrillas deben estar niveladas entre sí. Deben colgar hacia abajo, no separarse del cuerpo del caballo y permanecer con su parte interior en suave contacto con el mismo.
- *Pies.* Los pies deben estar al mismo nivel, con el mismo peso sobre cada estribo, sin pesar más sobre el lado interior o el exterior del mismo. Los dos talones deben quedar en el mismo ángulo.

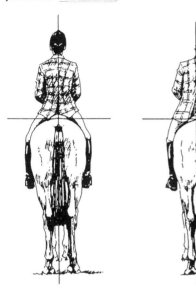

Fig. 2a. Posición del jinete vista por detrás. El jinete está sentado recto.

Fig. 2b. Cadera derecha encogida.

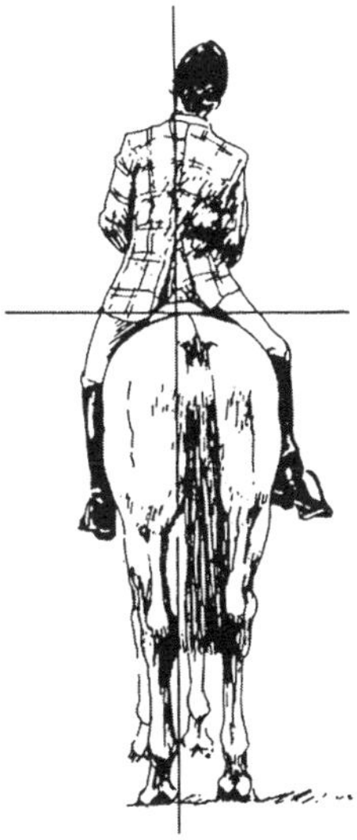

tebrazo y en la mano, con una línea recta desde el codo, pasando por la mano del jinete, hasta la boca del caballo. Visto desde fuera, debe formarse una línea recta sobre la parte exterior del antebrazo, la parte exterior del puño, a lo largo de las riendas, hasta la boca del caballo. Los pulgares deben formar la parte superior del puño. Las riendas son tomadas con la base de los dedos, y salen por encima del índice, donde el pulgar las sujeta suavemente. Los dedos deben estar cerrados pero no apretados, como si el jinete llevara un pajarito en cada mano, permitiéndole respirar, pero no salir volando.

VISTA DESDE ATRÁS

Mirando desde atrás (figura *2a*), debe formarse una línea recta por el centro de la cabeza del jinete, a lo largo de la columna vertebral, por el centro de la parte trasera de la montura y la columna vertebral del caballo. En giros y círculos el ángulo del cuerpo del jinete debe permanecer exacta-

EL ASIENTO

Para emplear el asiento correctamente al montar, es conveniente entender su anatomía y tipo de movimiento.

Las zonas relevantes son:

El fémur, cuyo extremo superior forma una bola que encaja en la cavidad de la *articulación de la cadera.* La cavidad de esta articulación se halla aproximadamente a un tercio de la altura de *los huesos de la cadera* (que se compone del ilium arriba, el isquion abajo y atrás, el pubis abajo y delante - figura 4). Los huesos de la cadera forman la parte frontal, lateral y parte del posterior de la *pelvis,* que —en sección horizontal— es como un cinturón rígido. La

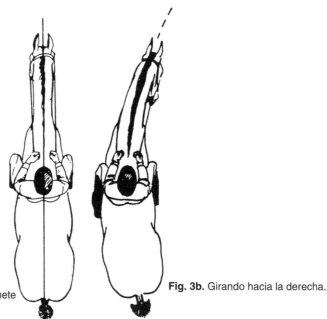

Fig. 3a. Posición del caballo y del jinete sobre una línea recta.

Fig. 3b. Girando hacia la derecha.

parte más baja de la pelvis está formada por los *isquiones.* Las protuberancias óseas en la parte frontal de la pelvis que se notan justo debajo de la cintura, son las *crestas iliacas.* Las puntas inferiores delanteras de la pelvis que se notan debajo del vientre, forman el *pubis.* En la parte posterior, el aro del cinturón pélvico es completado por el *sacro.* Éste se compone de vértebras rígidas unidas, que articulan con las *vértebras lumbares* que transcurren justo por encima y por debajo de la cintura. A ambos lados de las vértebras lumbares se halla la zona lumbar (los riñones) que forman la sección del cuerpo a ambos lados de la columna vertebral, entre los huesos de la cadera y las costillas flotantes que son las que no están unidas al esternón.

El jinete puede mover su asiento ya que:
• Las vértebras lumbares son móviles.
• Se puede adelantar la pelvis. Desde el pivote donde se conectan el sacro rígido

(la parte trasera de la pelvis) y las vértebras lumbares móviles, se puede adelantar la pelvis (las protuberancias iliacas hacia adelante, el hueso del pubis hacia atrás), o atrasarla, mayormente con la ayuda de los músculos abdominales y de la espalda.

• Las articulaciones de la cadera facilitan que los muslos y el asiento se puedan mover independientemente.

La pelvis también puede moverse:
• Inclinando lateralmente (al doblar las vértebras lumbares) al bajar una cadera hacia un lado, resultando en una cadera doblada (véase pag. 15).
• Girando, de modo que con relación al tronco, un isquion se mueve hacia adelante y el otro hacia atrás en dirección opuesta.

Las caderas. El término tiende a usarse en general, y puede hacer referencia a la articulación de la cadera o a los huesos de la misma, o a las protuberancias iliacas, o la definición médica del isquion, ilium y pubis. En este libro, para evitar confusión, se emplea la definición médica para las caderas.

POSICIÓN EN MOVIMIENTO SOBRE SUELO LISO (EN PISTA)

Paso. El caballo camina en cuatro tiempos. Baja la cabeza cada vez que un miembro anterior pisa el suelo y, para mantener el contacto correcto con las riendas, la mano del jinete debe acompañar este movimiento y no restringirlo. Los dedos permanecen cerrados sobre las riendas y mantienen un contacto adecuado. El jinete se mantiene sentado erguido, pero su asiento flexible debe moverse para acompañar y no restringir el movimiento del caballo. Cuando el caballo anda bien, hay un movimiento considerable de su musculatura dorsal. Este movimiento es esencial para que el caballo mantenga un paso flexible, coordinado y libre. Por ello el jinete debe facilitar este movimiento manteniendo

flexibles sus riñones, pero no la parte superior de la espalda. La pelvis debe moverse con el ritmo del paso. Es un buen ejercicio para desarrollar flexibilidad y sensibilidad el dejar que los isquiones se muevan alternativamente, de modo que cuando el caballo eleva y adelanta el posterior izquierdo, el jinete deja adelantar su isquion izquierdo acompañando el movimiento muscular del caballo, y acto seguido el isquion derecho con el posterior derecho del caballo. Este movimiento del asiento y de los riñones del jinete no debe ser exagerado, y debe ser prácticamente invisible para el espectador.

Trote levantado. El caballo trota en dos tiempos. El jinete se levanta en una batida y se vuelve a sentar en la otra; es esencial que esto se haga en perfecto equilibrio para no interrumpir el ritmo del caballo. El cuerpo del jinete se inclina ligeramente hacia adelante desde la pelvis, con la pelvis adelantada, y se vuelve a sentar suavemente sin dejar que el peso se vaya hacia atrás. Los hombros y los codos permiten que las manos acompañen el movimiento del cuello y de la cabeza del caballo, que al trote apenas se mueven.

Trote sentado. El jinete no se levanta, sino que permanece sentado, con el asiento en contacto con la silla. El cuerpo permanece erguido. El movimiento del dorso del caballo es absorbido mayormente por los riñones del jinete, pero también por el asiento, los muslos, las rodillas y los tobillos. Las manos mantienen un contacto consistente, pero elástico. El movimiento del trote es tal que, para absorberlo, el jinete debe sentir como si montara sobre la cresta de las olas. De este modo mantiene los muslos flexibles y la pelvis es amortiguada por el asiento. Al igual que en el paso, el movimiento del jinete no debe ser exagerado, y no debe arquear la espalda hacia atrás ni doblar la cintura. Todo exce-

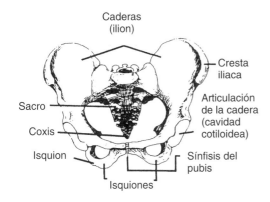

Fig. 4. La pelvis humana.

so de tensión o de agarrarse hará que el jinete bote en la montura, en vez de permanecer en una posición relajada y equilibrada en contacto con la silla y el dorso del caballo.

Galope. El caballo galopa en tres tiempos. A galope, la línea superior del caballo se altera desde atrás hacia adelante. Por ello, el jinete debe adaptarse a esta alteración del nivel del caballo y absorber el movimiento saltado. Debe absorberlo con los riñones y el asiento y no inclinando el cuerpo hacia adelante y hacia atrás —lo cual es un fallo muy común—. Las articulaciones de la cadera deben empujarse hacia adelante, y los hombros se mantienen en la vertical (no adelante) y en línea con las espaldas del caballo. Los riñones siguen el movimiento ondulado del galope. Se deben sentir las tres batidas de los cascos. El jinete debe mantener un asiento equilibrado, sin deslizarse hacia un lado. Algunos jinetes adelantan algo más la cadera que corresponde a la mano del galope, es decir, al galope a la mano izquierda, adelantan el isquion izquierdo. Las piernas del jinete deben permanecer largas, con la pierna interior sobre la cincha y la exterior ligeramente atrasada. No se debe encoger ninguna de las piernas.

POSICIÓN DE SALTO

Para el salto o para galopar en el campo el jinete debe modificar el asiento básico descrito, en parte para mantener su equilibrio, pero también para aliviar de su peso el dorso del caballo.

Para adoptar la posición de salto el jinete debe:

• Acortar los estribos (la longitud depende del tipo de trabajo a efectuar), cerrando el ángulo de caderas-rodillas-tobillos.
• Inclinar su cuerpo hacia adelante desde la pelvis, atrasando su asiento ligeramente (el asiento puede mantener un ligero contacto con la montura o no, según se desee).
• Aumentar su peso sobre los muslos, las rodillas y la parte interior de los estribos.
• Abrir las puntas de los pies ligeramente para tensar la musculatura de la pierna.
• Seguir mirando hacia adelante y mantener la espalda recta.
• Mantener las manos bien por delante, en línea recta desde los codos, el antebrazo, las manos y las riendas hasta la boca del caballo, aunque los codos pueden separarse algo del cuerpo al adelantarse.

De este modo el jinete retira su peso del dorso del caballo y puede mantener su equilibrio al ir a mayor velocidad.

TRABAJO DE VELOCIDAD

En el trabajo de velocidad en terreno llano, el jinete debe procurar que:

• Los estribos estén bien cortos, de otro modo el jinete tiende a ponerse de pie sobre los estribos y abre el ángulo de la rodilla. El resultado es que los isquiones se alejan demasiado de la silla.
• Su cuerpo no se adelante demasiado: es decir, el ángulo no debe ser superior a 45° con la vertical.
• Las riendas se acorten, para asegurar que las manos del jinete permenezcan bien por delante del cuerpo.

LA POSICION SOBRE EL SALTO
(Figura 5)

La posición para el salto descrita arriba es la que se enseña a nivel universal. La posición en las distintas fases del salto es la siguiente:

• *La entrada.* La entrada al salto se efectúa en la posición descrita, asegurándose que la inclinación del cuerpo no supere los 45° por delante de la vertical. Los isquiones elevados pueden rozar o tocar la

Fig. 5. Las posiciones desde el tranco anterior a la batida hasta recibirse el caballo.

silla. Hay que vigilar no quedar por delante o por detrás del movimiento del caballo en el último tranco y mantener el equilibrio. Esto es sumamente importante con caballos jóvenes o poco adiestrados.

• *La batida.* Según el tamaño del salto, el ángulo del cuerpo del jinete con el caballo se cierra más o menos acercando el cuerpo hacia la crinera. Esto no se debe exagerar, ni se debe abrir el ángulo de la rodilla demasiado. La rodilla siempre debe estar hacia adelante y profunda en la montura. Se aligera el contacto con las riendas y las manos siguen el movimiento del cuello y la cabeza del caballo. La pantorrilla se mantiene en la misma posición en esta fase que durante el salto.

• *El planeo.* Durante el planeo sobre el salto el jinete mantiene esta posición.

• *El descenso.* En el descenso el cuerpo del jinete sigue inclinado hacia adelante y,

aunque los isquiones pueden rozar la silla, no se debe pesar sobre la montura.

• *Recepción (recibirse).* El jinete vuelve a su posición original al recibirse el caballo.

POSICIÓN MODIFICADA

Muchos jinetes usan un asiento modificado para saltar, una variación de la posición descrita en la página 18. La diferencia se halla en el grado. El jinete experimentado debe poder adaptar su posición según la necesidad. Lo esencial es mantener un asiento equilibrado.

En la posición modificada los estribos están más largos: su longitud depende de la anatomía y flexibilidad del jinete. Los isquiones permanecen en la montura pero el peso del cuerpo es sostenido por la parte interior de los muslos y las rodillas.

El cuerpo sigue erguido, o casi, pero no detrás de la vertical.

Las manos están bien por delante del jinete, con los codos ligeramente por delante de la punta de las caderas (las protuberancias iliacas). Se forma una línea recta desde los codos, antebrazos, manos y riendas hasta la boca del caballo.

La posición en las distintas fases del salto es la siguiente:

• *La entrada.* La entrada se hace en la posición descrita. Se mantiene el mismo contacto.

• *La batida.* Se cierra el ángulo de la articulación de la cadera, acercando el pecho más hacia la crin del caballo. Se aligera el peso de los isquiones aunque el asiento todavía puede rozar la montura, según el tamaño del salto. Se aligera el contacto y las manos siguen el movimiento del cuello del caballo.

• *El planeo.* Durante el planeo el jinete sigue inclinado hacia adelante hasta que el caballo comienza a descender.

• *El descenso y recibirse.* En el descenso el cuerpo se vuelve más erguido y al recibirse el caballo vuelve a su posición inicial, manteniendo la pantorrilla en su sitio todo el tiempo.

ASIENTO EQUILIBRADO

Las dos posiciones descritas son variaciones de un asiento equilibrado. Ambas se pueden adoptar, según las necesidades del caballo y/o del jinete. La posición modificada facilita que el jinete controle mejor la impulsión y el tranco de su caballo al entrar a un salto y al salir del mismo. Un caballo linfático o con tendencia a rehusar se controla más fácilmente en esta posición pero requiere bastante más habilidad del jinete para no quedarse detrás del movimiento y lastimar el dorso del caballo. Generalmente es aconsejable abordar el salto en la posición básica, sobre todo con un caballo joven, ya que se aligera el peso del dorso.

2

Hacer asiento a la cuerda

INTRODUCCIÓN

Una de las mejores maneras para que el jinete haga asiento y mejore su equilibrio es montar sin estribos, tanto a la cuerda como suelto. La ventaja de montar a la cuerda es que la otra persona se encarga de controlar el caballo y el jinete puede concentrarse en su posición; pero sólo podrá hacerlo y montar sin tensión si tiene plena confianza en la persona que da cuerda y si el caballo es adecuado.

Este capítulo se limita a ser una guía de cómo establecer la posición básica del jinete montando a la cuerda y sin estribos. La técnica de dar cuerda a un caballo sin jinete difiere considerablemente y es tratada en el capítulo 6, que además cubre con detalle los requisitos y guarniciones para dar cuerda.

Llegará un momento en que el alumno querrá deshacerse de la cuerda y comenzar a montar llevando las riendas y los estribos, controlando su caballo. Esto es aceptable cuando el alumno haya desarrollado un asiento estable y es el paso siguiente en su aprendizaje. Las ayudas se describen en los capítulos 3 y 4.

Incluso cuando se haya quitado la cuerda y el jinete controle su caballo, montar sin estribos sigue siendo un modo muy útil para desarrollar una posición correcta en la montura. Muchos jinetes avanzados trabajan largo rato sin estribos y consideran que están mas en armonía y contacto con el caballo.

RESPONSABILIDADES DEL INSTRUCTOR

Enseñar al jinete. La persona que se encarga de enseñar a un alumno en esta forma debe tener mucha práctica en dar cuerda y tener conocimiento para corregir la posición del jinete y ayudarle a mantenerla a todos los aires. El instructor es responsable de regular los aires y las transiciones del caballo para ayudar al jinete. A veces puede usar un ayudante para llevar el caballo de la mano y dar confianza y soporte al alumno en las primeras sesiones a la cuerda.

Seguridad del jinete. Al enseñar a la cuerda a un alumno, el instructor es enteramente responsable de la seguridad del jinete y debe hacer todo lo posible para evitar que ocurran cosas que hagan perder la confianza a éste. Solamente si el jinete puede trabajar sin tensión será util el trabajo a la cuerda. El instructor debe prestar atención a los siguientes puntos, que sin excepción influyen en la seguridad del caballo y del jinete:

• Se debe dar cuerda en un lugar adecuado (véase seguidamente).

• Las guarniciones deben ser fuertes y estar bien ajustadas.

• El caballo debe ser adecuado para trabajar a la cuerda.

• Las sesiones no deben ser demasiado largas y se deben intercalar descansos.

• El instructor, el jinete y el caballo deben estar correctamente equipados.

El instructor siempre debe llevar guantes para manejar la cuerda, y quitarse las espuelas. El jinete debe llevar pantalón de montar y botas, o jodhpur con botín, y siempre casco duro.

EQUIPO NECESARIO

Lugar dónde dar cuerda. Siempre se debe hacer en un lugar lo más tranquilo posible de modo que no se pueda distraer la atención del caballo ni la del jinete y ambos puedan escuchar claramente las órdenes del instructor. El suelo debe ser bueno. Toda la zona debe ser lisa y, a ser posible, cerrada, ya que así aumenta mucho la confianza del jinete y la concentración del caballo. Una pista cubierta es, desde luego, un lugar idóneo para la lección, pero no es imprescindible.

Una pista al aire libre siempre se puede delimitar mediante balas de paja, reparos de obstáculos y similares.

Equipo. El equipo necesario para dar cuerda al caballo con jinete consiste en:

• *Cabezada de filete.* Las riendas se pueden enrollar debajo del cuello del caballo y sujetarse con el ahogadero (figura 17, pág. 54) pero es más seguro hacerles un nudo sobre la crin del caballo, de modo que el jinete pueda cogerlas en caso de emergencia.

• *Cabezón de dar cuerda.* Éste se coloca por encima de la cabezada de filete y se cierra bajo la barbada, como una muserola baja, o por encima del filete, como una muserola normal, sujetando la cuerda larga a la anilla central sobre la muserola. Hay que ajustar bien la muserola y la carrillera del

cabezón lo suficiente para evitar que se mueva y pueda tocar el ojo del lado exterior del caballo.

• *La cuerda.* La cuerda debe ser de unos 10 metros de longitud, de lona o nylon, con un amplio lazo en un extremo y un mosquetón con fijación giratoria en el otro.

• *Riendas de atar.* Éstas miden unos 2 metros y deben usarse con precaución. No se sujetan al filete hasta que el jinete se haya subido a caballo y se vuelven a quitar antes de que desmonte. Deben quedar horizontales desde la cincha hasta la boca, a media altura del caballo. (Para su longitud correcta, véase pág. 57.) Cuando no se usan, se quitan del filete y se enganchan en las anillas de la montura.

• *La silla.* Es importante que la silla se adapte bien al caballo y al jinete. Es recomendable el uso de un sudadero.

• *La tralla.*

• *Protectores.* Para las cuatro extremidades.

El caballo para dar cuerda. Lo ideal para enseñar a un jinete a la cuerda es un caballo especializado en ello, pero este caballo también debe hacer otro tipo de trabajo para no aburrirlo. El carácter es muy importante y debe obedecer a la voz, ya que, a la cuerda, ésta será la ayuda principal. Sus aires deben ser cómodos. Trabajar en círculo es muy exigente para el caballo y se debe usar un animal maduro, mayor de seis años y en buena condición física. La sesión a la cuerda no debe durar más de 20 minutos (sin contar los descansos) si se usa el caballo a fondo.

TÉCNICA PARA DAR CUERDA CON UN JINETE MONTADO

El instructor. El instructor permanece en el centro del círculo, que tendrá un diámetro de unos 15 metros o poco menos, y hace mover el caballo a su alrededor, sujetando la cuerda con la misma mano de la dirección del caballo, la tralla en la otra.

Puede sujetar el lazo en el extremo de la cuerda con la otra mano. El instructor debe concentrarse en el jinete y los posteriores del caballo más que en el tercio anterior. Es importante vigilar que el caballo haga un círculo correcto y el instructor debe permanecer en el mismo sitio. Un caballo bien entrenado a la cuerda debe obedecer a la voz. La tralla rara vez necesita usarse, pero si hace falta, el caballo sólo es tocado de modo suave, generalmente por encima de los menudillos. Si el instructor se acerca al caballo, la tralla debe girarse hacia atrás y llevarse detrás de la espalda.

Duración de la sesión. Como ya se ha dicho, el caballo usado activamente a la cuerda no debe trabajar más de 20 minutos, excluyendo los descansos. Se necesitarán descansos frecuentes, ya que el montar sin estribos puede ser cansado para el jinete. El caballo debe trabajarse por igual a ambas manos.

Trabajo previo. Antes de empezar la clase el instructor, a menudo, querrá darle cuerda al caballo sin jinete, para tranquilizarlo. Muchos jinetes prefieren calentar a la cuerda con los estribos calzados. Ambos sistemas tienen sus ventajas.

Adoptar la posición correcta. La persona que da cuerda y enseña debe asegurarse que el jinete adopte y mantenga la posición correcta en la montura, tal como se define en el capítulo 1. El jinete, con el caballo parado, se sienta en la parte más profunda de la montura, con su peso sobre ambos isquiones y las piernas colgando relajadas contra la montura. Para lograr esta posición debe coger el borrén delantero (perilla) de la silla con ambas manos y estirar su asiento hacia la parte más profunda, poniendo su cuerpo lo más erguido que pueda, de modo que se pueda trazar una línea vertical desde su oreja, sobre la punta del hombro, a lo largo de la cadera y hasta la parte trasera del talón. Las riendas de atar no deben fijarse hasta empezar el trabajo en movimiento. Los siguientes dos puntos deben vigilarse ante todo:

• No debe haber desviación en la línea oreja-hombro-cadera, aunque más tarde el talón puede venir por delante de esta vertical sin afectar la monta. El jinete sentado sobre el pubis tiende a estar por delante de la vertical y si traslada su peso sobre el sacro quedará por detrás (véase figura 1).
• La parte interior del muslo debe estar relajada, de modo que la rodilla quede suficientemente baja en la montura para adoptar la posición correcta.

Ayudar a lograr la posición correcta. El siguiente ejercicio, breve y sencillo, puede hacerse antes de empezar a trabajar, ya sea parado o al paso. Los movimientos nunca deben ser bruscos y hay que dejar que el jinete tome su tiempo, repitiendo el ejercicio dos o tres veces.

El jinete, sujetando el borrén delantero de la silla, estira ambas piernas lateralmente, alejándolas del caballo. Después relaja las piernas del todo, y las vuelve suavemente contra la montura, con la rodilla lo mas baja posible, sin tensión.

Para hacer coger confianza. A los tres aires y a ambas manos, el jinete quita una mano de la montura y deja colgar su brazo estirado justo detrás del muslo, durante una vuelta o dos. El brazo tiene que estar relajado, ya que este ejercicio debe enseñar al jinete la importancia de un brazo relajado, para cuando tome las riendas. Cuando el jinete esté preparado para soltar la montura, dejará colgar ambos brazos al mismo tiempo, procurando no doblar la cintura ni los hombros.

Trabajo al paso. Dar cuerda al paso puede usarse para dar confianza a principiantes o jinetes nerviosos. El dorso del caballo produce muy poco movimiento hacia arriba, pero un paso activo hará mover al jinete a nivel horizontal y ligeramente diagonal, por lo que hay que enseñarle a absorber este movimiento mediante la flexibilidad de los riñones y del asiento, que no debe resultar en una acción brusca del torso.

Aunque los siguientes ejercicios se pueden hacer al paso, a medida que avanza el jinete el paso será usado para comprobar la posición y durante los descansos, cuando el jinete puede relajarse.

Trote sentado. Una vez lograda la posición correcta al paso, y aunque el jinete todavía tenga que sujetarse a la montura si lo necesita, se puede poner el caballo al trote, siempre y cuando la velocidad y el movimiento estén dentro de las capacidades del jinete. Los jinetes un poco avanzados en seguida tratarán de influir en ello. No deben hacerlo, sino aceptar lo que ofrece el caballo, concentrándose en mantener su posición con tono muscular pero sin agarrarse. Sólo cuando el asiento y el equilibrio se hayan establecido del todo podrá usarse el asiento para controlar el movimiento y la acción del caballo. En el trote sentado, el jinete debe adaptarse al ritmo en dos tiempos del trote y, permaneciendo con flexibilidad y tono muscular, dejar que el peso de su cuerpo erguido se hunda suavemente en la montura cuando cada bípedo diagonal pisa el suelo; entonces caballo y jinete se elevarán como una pieza durante el momento de suspensión. Cuando el jinete haya logrado esto podrá quedarse quieto sentado con respecto al movimiento del caballo.

Trote levantado. Hacer trote levantado sin estribos es poco recomendable salvo como ejercicio de refuerzo para el salto y las carreras. Si un jinete debe mejorar su técnica, hay que volver a poner los estribos y ajustarlos a su medida, de modo que los encuentre fácilmente, con la parte más ancha del pie sobre el estribo y el talón más

bajo que la punta del pie. Es importante adaptar la longitud de los estribos a la posición del jinete y no al revés. Si los estribos están demasiado cortos, el jinete se volverá tenso —sobre todo en sus rodillas y tobillos—, o, más probablemente, desplazará su asiento hacia atrás en la silla. Si están demasiado largos, el jinete continuamente bajará la punta de los pies para mantener el contacto y no perderlos, debilitando toda su posición.

Cuando los estribos estén a la longitud correcta y el caballo se mueva a un trote suave y saltado el jinete debe dejar que este movimiento levante sus isquiones suavemente de la montura a cada tranco (un bípedo diagonal). Para compensar este movimiento, el cuerpo debe venir ligeramente hacia adelante desde la parte superior de las caderas. Manteniendo esta posición, el jinete ahora vuelve a sentarse suavemente en la montura en el siguiente tranco (el otro bípedo diagonal). Debe sentirse como un "ir hacia adelante y hacia abajo, y no hacia arriba y volver" (de Nemethy). Todo el movimiento debe venir de la acción del caballo y no del jinete.

Cambio de diagonal. Al hacer trote levantado a la cuerda, el jinete debe levantarse al mismo tiempo que el caballo avanza con su espalda exterior, y vuelve a sentarse cuando esa mano exterior y el pie interior pisan el suelo. Esto se conoce como trotar (levantarse) sobre la diagonal exterior, lo que facilita que el caballo mantenga su equilibrio sobre el círculo y evita un desarrollo muscular unilateral. También juega un papel importante en el uso de las ayudas, cuando el jinete ya no va a la cuerda. El jinete debe aprender a cambiar de diagonal quedándose sentado un tranco adicional, antes de volver a levantarse, hasta que instintivamente sepa sobre qué diagonal va.

Trabajo a galope. Las dificultades que surgen al galopar a la cuerda son mayores que al paso o al trote y no debe intentarse sin una persona experimentada como instructor y en un lugar tranquilo sin otros caballos alrededor.

La fuerza centrífuga es más notable al galope y el jinete debe evitar tensarse para mantener su posición. El cuerpo no debe moverse con el ritmo de los niveles horizontales cambiantes del dorso del caballo; este movimiento debe absorberse con los riñones y el asiento flexible. No todos los ejercicios pueden hacerse a galope y en los siguientes párrafos se mencionan los adecuados.

EJERCICIOS

Generales. Cuando el jinete tenga confianza y habilidad suficiente para soltar las manos de la montura y montar cómodamente manteniendo su posición correcta sin rigidez durante al menos cinco minutos a cada mano, se deben iniciar otros ejercicios. Éstos están diseñados para mejorar la posición del jinete, su flexibilidad y equilibrio, y en el caso del principiante, aumentar su confianza.

Los siguientes puntos generales son aplicables a todos los ejercicios a la cuerda, ya sea al paso, trote o galope, y deben tenerse en cuenta tanto por parte del jinete como del instructor que supervisa el ejercicio:

• Ya que la base de toda monta es el ritmo, todos los ejercicios deben realizarse rítmicamente, acompañando el movimiento del caballo.

• Los ejercicios deben desarrollar equilibrio, flexibilidad y fortaleza sin producir tensión en ninguna parte del cuerpo.

• El movimiento de una parte no debe afectar al resto del cuerpo.

• La respiración debe ser honda y controlada, con cierto énfasis en la espiración ya que esto ayuda a la relajación. Ningún ejercicio en la silla debe dejar al alumno exhausto.

• Todos los ejercicios deben hacerse a ambas manos. Pocos jinetes van sentados en posición idéntica a ambas manos y la mayoría tiene tendencia a torcerse en la montura, provocando que una pierna se adelante y la otra se atrase ligeramente.

• Veinte minutos, sin contar los descansos, debe ser el tiempo máximo de trabajo a la cuerda para todo jinete salvo para los más experimentados.

Los siguientes ejercicios son adecuados para hacerlos a la cuerda:

• *Corregir la posición.* El jinete se sujeta al borrén delantero de la silla, mantiene su asiento firmemente en la montura y estira su cuerpo hacia arriba, al mismo tiempo que aprieta su asiento, y estira las piernas, es decir, debe haber una corrección hacia arriba y hacia abajo. Esto debe hacerse justo antes de una transición y es un ejercicio útil en otros momentos. Más tarde, la influencia muscular de estos movimientos es empleada para avisar al caballo de que se le va a pedir algo y para asegurar que el jinete esté en la posición correcta para aplicar las ayudas. El jinete debe desarrollar la costumbre de corregir su posición antes de pedir algo al caballo.

A medida que el jinete progresa, el mismo ejercicio puede hacerse con las manos en su sitio, es decir, manteniendo unas riendas imaginarias, procurando no perder la posición correcta, sobre todo en las transiciones.

• *Ejercicio de hombros.* Al mover los hombros el objetivo es eliminar toda tensión de los hombros y la base del cuello. Ambos hombros se elevan lo mas alto posible hacia las orejas (sin volcar la cabeza hacia atrás ni sacar los codos) y se vuelven a su sitio. No se deben bajar dudando ni con brusquedad. Este ejercicio debe repetirse cinco o seis veces; debe hacerse a un ritmo cómodo y sin causar tensión en la espalda ni en los brazos.

• *Ejercicios para la cabeza y el cuello.* Su objetivo es eliminar toda tensión de la nuca y la mandíbula. Estos ejercicios son el lógico seguimiento del anterior.

1. La cabeza es girada suavemente contrarreloj y después al contrario. Hay que cuidar de no inclinar la cabeza.

2. Sin levantar la barbilla, se inclina la cabeza primero hacia un lado, luego hacia el otro, acercando la oreja el máximo posible hacia el hombro, pero sin levantar éste.

3. Se deja caer la cabeza hacia adelante hasta que la barbilla toca el pecho. Hay que vigilar no doblar la espalda.

Nota. Los ejercicios 1 y 3 sólo deben hacerse con el caballo parado.

• *Ejercicios para brazos y hombros.* Su objetivo es el de alisar y estirar la musculatura abdominal y soltar las articulaciones de los hombros.

1. Levantar enérgicamente los brazos, uno por uno, con los dedos estirados y los codos rectos, hasta arriba, de modo que los codos toquen las orejas. Las palmas de las manos hacia adelante.

2. Girar los brazos lentamente hacia atrás en un movimiento circular, tres o cuatro veces y volver a la posición normal. Este ejercicio puede hacerse con ambos brazos a la vez. El giro siempre debe hacerse hacia atrás y al ritmo del tranco del caballo. No se debe hacer fuerza para completar un círculo.

3. En vez de circular los brazos hacia atrás, pueden moverse hacia atrás el máximo posible sin forzar, manteniendo el brazo y los dedos rectos. Después se vuelve el brazo a su posición vertical. Tanto en 2 como en 3, los hombros y las caderas deben seguir paralelos.

4. Levantar los brazos hasta que queden horizontales. Girar el cuerpo desde la cintura hacia la izquierda y después hacia la derecha, manteniendo los brazos horizontales y a 180° entre sí. El asiento debe permanecer quieto. Este ejercicio puede hacerse al paso y al trote.

• *Columna vertebral y caderas.* El objetivo de estos ejercicios es el de flexibilizar la columna y las caderas.

1. *Girar los brazos.* Dejar los brazos colgando; poner una mano sobre la cruz del caballo y la otra sobre el borrén trasero de la montura. Cambiar los brazos girando desde la cintura, sin perder la posición correcta ni el ritmo del aire. El asiento no debe moverse en la silla, ni atrasar el brazo más allá de la línea dorsal del caballo. Este ejercicio puede hacerse con mayor seguridad en la parada, al paso o al trote, pero el alumno deberá tener suficiente estabilidad para intentarlo al galope.

2. *Posición de jockey.* Sujetando la perilla de la silla, se encogen las piernas, cerrando el ángulo de los tobillos, rodillas y caderas, y adelantando el cuerpo en la posición de carreras. Al principio, mantener esta posición durante unos pocos trancos y gradualmente prolongar el ejercicio. Esto puede hacerse al paso y al trote.

3. *Tijeras.* Alargar las piernas y, manteniendo los isquiones en la montura, mover alternativamente una pierna hacia atrás y la otra hacia adelante. Esto se puede hacer al paso y al trote.

4. *Tocar la punta de los pies.* Con una mano tocar la punta del pie del lado opuesto. Repetir con la otra mano. Esto puede hacerse a todos los aires.

• *Ejercicio de los tobillos.* Girar los tobillos haciendo un círculo lo más amplio posible, primero siguiendo el movimiento del reloj y después en sentido contrario. Esto puede hacerse a todos los aires.

La importancia de dar cuerda.
• Es una de las mejores maneras para fi-

jar la posición correcta, lo cual es importante por tres razones: primero, para equilibrar el peso que debe llevar el caballo; segundo, para facilitar que el jinete pueda aplicar las ayudas con tranquilidad y eficacia; y tercero, para conseguir que el jinete se vea lo más elegante posible.

• Ayuda a la flexibilidad del jinete, de modo que puede acompañar mejor el movimiento del caballo.

• Ayuda al jinete a aprender cómo "sentir", para analizar, facilitar e influir en el movimiento del caballo.

CONDICIÓN FÍSICA DEL JINETE

Todo jinete debe poseer una condición física razonable para poder mantener la posición correcta en la montura, para ayudar al caballo y disfrutar la monta. Es un hecho sorprendente que la energía consumida para montar a caballo es similar a la de deportes físicamente tan exigentes como el correr o el ciclismo, por lo que incluso el jinete novel requiere una buena condición física. Para un jinete avanzado o de competición, como el jockey, el jinete de completo, salto o doma, se requiere una condición física muy superior.

Métodos para adquirir condición física. Aunque montar cada día ayuda en sí a mantenerse en forma, desde luego no es suficiente para alcanzar la condición física requerida para la competición. Para ello, el corazón y los pulmones del jinete deben funcionar en condiciones óptimas y la musculatura de su espalda y de sus piernas tiene que estar muy desarrollada. El jinete debe poseer un cuerpo flexible y evitar un exceso de grasa.

Es de todos sabido que la mejor forma de mantener una buena condición física es dedicarse a correr regularmente, aunque también la natación y el ciclismo son útiles. Existen además muchos ejercicios adecuados para jinetes de todos los niveles; la gimnasia pie a tierra y el yoga ayudan a conseguir flexibilidad y coordinación. Muchos jinetes consideran la técnica de Alexander de gran ayuda para mejorar su condición física para montar.

Es importante no excederse en el entrenamiento físico, que siempre debe ser progresivo y tener en cuenta la edad y la condición médica del jinete. En casos especiales se debe pedir consejo al médico antes de lanzarse a un entrenamiento duro.

3

Teoría de las ayudas

INTRODUCCIÓN

Las ayudas son el lenguaje del jinete y, como todo lenguaje, poseen una estructura básica, pero su mayor importancia radica en la aplicación en el momento justo, lo que les concede expresión y refinamiento.

Es esencial que cualquier persona que desea montar bien entienda el uso, las razones y el efecto de las ayudas, antes de tratar de enseñarlas a su caballo. El caballo debe ser enseñado fase por fase y con total claridad hasta establecer un entendimiento entre el jinete y él, hasta tal punto que, aparentemente, el jinete sólo tiene que pensar para que el caballo obedezca voluntarioso. Ésta es la esencia de la verdadera equitación. Un entrenador que pueda combinar la inteligencia con el control mental, físico y la coordinación puede producir un caballo bien entrenado, alegre y atento, que trabaja con facilidad y total confianza en su jinete.

DEFINICIÓN Y TIPOS DE AYUDAS

Una ayuda es la señal o el medio con el cual el jinete comunica sus deseos al caballo. Se trata de cualquier acción del jinete que resulta en una comunicación física o mental entre el jinete y su caballo. Las ayudas se subdividen en naturales y artificiales:

- *Ayudas naturales.* La voz, las piernas, el asiento y las manos del jinete.
- *Ayudas artificiales.* La fusta, las espue-

las, y cualquier forma de rienda auxiliar (que no sean las riendas naturales) que controla o coloca al caballo, con o sin la ayuda del jinete. Por ejemplo las gamarras o tijerillas, riendas fijas o deslizantes. Sólo la fusta y las espuelas tienen su lugar en la equitación clásica y son las únicas ayudas artificiales que se consideran en este capítulo.

LA VOZ

La voz, por su entonación, puede estimular, corregir, calmar o premiar. También es empleada para dar órdenes, sobre todo a la cuerda, y con un potro cuando se empieza a montar. El caballo aprende que las órdenes agudas y breves como "paso", "trote", "galope" significan avanzar, y las bajas y alargadas como "paaaso", "trooooot" indican aflojar el ritmo.

LAS PIERNAS, EL ASIENTO Y LAS MANOS

Aunque se describen por separado a continuación, las piernas, el asiento y las manos siempre se usan en conjunto entre sí, tal y como se explica en el capítulo siguiente.

LAS PIERNAS

Su función principal es:

- Crear el movimiento hacia adelante.
- Activar los posteriores del caballo.

• Indicar la dirección y controlar la posición del caballo.
• Mover el caballo lateralmente.

Uso idéntico de las piernas. El efecto de usar ambas piernas a la vez sobre la cincha es el de estimular al caballo a avanzar. Cuando se toca por primera vez, cualquier caballo reacciona rehuyendo del contacto humano. Ya que la huida es su defensa natural, al montarlo por primera vez y sentir las piernas del jinete que abarcan su costillar, la reacción del caballo es de moverse hacia adelante, alejarse de la presión. Ésta es la base de toda la doma y se va desarrollando y refinando mediante repetición constante, hasta que la más ligera presión de la parte interior de la pantorrilla hará que el caballo avance.

Uso de la pierna aislada. Una vez se haya establecido esta reacción de moverse hacia adelante, la aplicación de una sola pierna del jinete sobre la cincha hará que el caballo avance el posterior de ese lado. Ya que también instintivamente intentará evadir la presión sobre el costillar, intentará al mismo tiempo adelantar el pie ligeramente por debajo del peso de la masa, preparándose para alejar el tercio posterior del punto de estímulo. Este efecto es usado para mover el caballo lateralmente, pero si no es éste el deseo, y el caballo simplemente ha de pasar por una esquina, el jinete evita de esta forma que se salga la grupa hacia fuera, poniendo su pierna exterior ligeramente detrás de la cincha. Así, mientras ambas piernas hacen que el caballo avance hacia adelante, la pierna interior sobre la cincha acentúa el movimiento de avance mientras que la pierna exterior, ligeramente detrás de la cincha, controla la grupa.

Respuesta a las ayudas de las piernas. Las pantorrillas siempre deben permanecer en suave contacto con el cuerpo del caballo. Cuando se requiere una señal determinada, las piernas se activan con una presión alternante y no con un apretón constante. Deben aplicarse lo más ligero posible y solamente cuando es necesario, ya que el golpear repetidamente de manera pesada con las piernas, talones o espuelas, hará que el caballo se vuelva insensible a las piernas.

Nota. Del caballo que reacciona retrocediendo ante las ayudas de las piernas se dice que está "detrás de las piernas", y del caballo que avanza libremente a la menor indicación de las piernas que está "por delante de las piernas".

EL ASIENTO, INCLUYENDO EL PESO

Su mayor influencia es sobre:

• La impulsión.
• La línea exterior (actitud, línea cuello-dorso-grupa).
• La dirección.

Empleo de las ayudas del asiento y del peso. Las ayudas del asiento sólo pueden aplicarse eficazmente si el jinete sabe sentarse correctamente, suave y tranquilo, con su peso distribuido por igual sobre ambos isquiones. Debe permitir que el caballo se mantenga flexible y pueda mover el dorso. El jinete novel debe concentrarse únicamente en adaptar su asiento al caballo, es decir permitir que el caballo pueda usar su musculatura dorsal libremente de modo que la acción de los anteriores y de los posteriores sea coordinada, y no por separado a causa de un dorso rígido. Por ello el jinete no debe sentarse pesado y rígido con lo que impide el movimiento dorsal del caballo y éste hunde el dorso. El jinete puede empezar a usar las ayudas del asiento cuando sepa sentir la acción de los posteriores y su asiento tenga suficiente independencia como para aplicar una ayuda sin alterar la posición en ninguna parte de su cuerpo.

Estas ayudas pueden aplicarse de las siguientes maneras:
• Para aligerar el peso de los isquiones y facilitar que el dorso del caballo suba.
• Para acompañar el movimiento hacia arriba del dorso, quedándose sentado pasivamente con las caderas flexibles.
• Para pedir el ritmo deseado.
• En conjunto con la espalda y las pantorrillas, para que el caballo emplee y remeta los posteriores.

En el potro, el peso del jinete debe usarse con sumo cuidado: si no se hace así, el caballo hundirá y tensará el dorso. Es por ello que, en un potro, casi todo el trabajo al trote se hace levantado y, al galope, el jinete se inclina ligeramente hacia adelante para aligerar su peso del dorso. Esto es importante, sobre todo con purasangres. En un caballo más domado, que ya sabe trabajar redondo, el peso y el uso de la espalda del jinete se convierten en ayudas importantes.

En las líneas rectas el peso del jinete debe estar absolutamente centrado. En los giros, círculos, trabajo en dos pistas, y al galope, el peso se traslada ligeramente hacia el interior, girando el cuerpo en la dirección del movimiento y pesando más sobre el estribo interior.

LAS MANOS
Su mayor influencia consiste en:

• Contener la impulsión creada por las piernas y el asiento del jinete. (Impulsión es la energía creada por la actividad de los posteriores.)
• Controlar la velocidad.
• Ayudar en el equilibrio.
• Indicar la dirección.
• Controlar la flexión y ayudar a mantener la colocación.

Las manos son solamente un suplemento de las ayudas del asiento y de las piernas. Excepto con un potro, el jinete siempre debe aplicar las ayudas de piernas y asiento antes que las manos, ya que de otra manera la grupa tiende a salirse y se pierde la impulsión en vez de contenerla.

Respuesta a las ayudas de las manos. A través de las riendas y el filete, las manos constituyen el "teléfono" hacia el cerebro del caballo y su aplicación afecta directamente sobre la actitud mental y física. Para ser eficaces, las manos:

• Jamás deben tirar hacia atrás.
• Deben permanecer quietas con relación al movimiento del caballo y totalmente independientes de la acción de cualquier otra parte del cuerpo del jinete.
• Deben mantener un contacto ligero y constante pero flexible con la boca (excepto con riendas sueltas). El caballo pierde todo sentido de seguridad si el contacto con la rienda es inconsistente.
• Deben mantener la misma tensión al paso que al trote o galope, procurando no aumentar ésta sobre las riendas en los aires más rápidos.

Uso individual de las manos. La tensión sobre las riendas puede no ser igual en ambas manos cuando se trabaja en giros o círculos, al galope, o cuando se corrige la incurvación natural del caballo. Pero cuando se trabaja un caballo enderezado sobre la línea recta al paso y trote, el jinete debe tener el mismo contacto en ambas manos. La mayor parte del tiempo las riendas deben usarse como sigue:

• *Mano exterior.* La mano contraria a la pierna interior del jinete recibirá algo de la impulsión que transmite hacia adelante el posterior interior del caballo. Para controlar ésta, el jinete mantiene un contacto positivo con el caballo, es decir un contacto que no cede ni tira de la rienda, sino que mantiene un suave contacto constante con relación al movimiento y por ello lo acompaña.

• *Mano interior.* La mano interior acepta y guía la incurvación hacia el interior del caballo, incurvación que es creada por las ayudas del asiento y de las piernas del jinete. El contacto debe ser ligero y flexible para fomentar la relajación de la mandíbula inferior del caballo y su aceptación del filete.

El principio es que la mano exterior mantiene un contacto positivo que controla el aire y ayuda al equilibrio, mientras que la mano interior es más flexible e indica la incurvación.

Riendas largas y riendas libres. Se puede montar el caballo con riendas largas, pero el jinete debe mantener la impulsión con sus piernas y su asiento mientras permite que el caballo se relaje y se estire hacia adelante y hacia abajo con la cabeza y el cuello, y que alargue el tranco. El jinete, al abrir los dedos, deja deslizar las riendas en la medida que el caballo pide mayor longitud, pero sin perder el contacto del todo. Esto a menudo se describe como mantener el contacto "sólo con el peso de las riendas".

A veces el caballo es montado con las riendas libres, sin contacto alguno. El paso libre se hace de la misma manera que el paso con riendas largas, pero se suelta todo contacto con la boca del caballo y éste es mantenido derecho únicamente con el asiento y las piernas.

El trabajo con riendas largas o riendas libres puede hacerse a los tres aires, procurando mantener la impulsión y el equilibrio.

Métodos de sujeción de las riendas. Hay muchas maneras aceptables de sujetar las riendas. Algunas de las principales se mencionan y son ilustradas en las figuras 6 y 7.

En la mayoría de métodos de sujetar las riendas, éstas van desde la boca del caballo a través de los dedos y la palma de la mano, y salen entre el índice y el pulgar, con el pulgar encima de la rienda. El puño debe quedar suavemente cerrado. En todos los casos, es la presión del pulgar sobre las riendas que salen sobre el índice la que evita que éstas se deslicen y no la mano agarrotada o los dedos forzados.

• *Riendas del filete.* Mantenidas en ambas manos, las riendas entran entre el de-

Fig. 6a. Las riendas de filete en ambas manos.

Fig. 6b. Las riendas de filete en una sola mano.

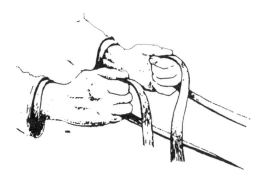

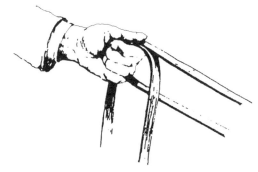

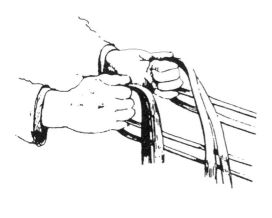

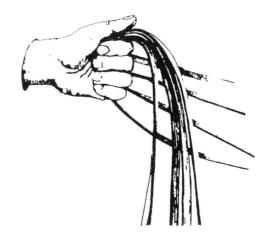

Fig. 7a. Las riendas de filete y bocado (brida) en ambas manos.

Fig. 7b. Las riendas de filete y bocado en una sola mano.

do anular y el meñique, pasan por la palma de la mano y vuelven a salir sobre el índice, sujetas por el pulgar; alternativamente, las riendas pueden pasar por fuera del meñique y salir sobre el índice, con el pulgar encima. Cuando se llevan en una mano, el sistema más usado es de poner la rienda del otro lado entre el índice y el pulgar, saliendo por debajo del meñique; o entre el dedo corazón o el anular y saliendo por arriba entre índice y pulgar.

• *Riendas de la brida (filete y bocado).* Cuando se llevan en ambas manos, los tres sistemas recomendados son:

1. La rienda del filete pasa por debajo del meñique, la rienda del bocado entre el dedo anular y el meñique. Ambas riendas pasan por la palma de la mano y salen entre el índice y el pulgar. Éste es el sistema más común para llevar las riendas de filete y bocado.

2. Igual que bajo el punto 1, con la diferencia de intercambiar las riendas del filete y del bocado.

3. Ambas riendas del bocado se mantienen en una mano, separadas por el dedo corazón o el anular. La rienda del filete de ese lado, pasa por debajo del meñique. Estas tres riendas salen entre el índice y el pulgar. La otra rienda de filete se mantiene entre los dedos de la otra mano.

Si el jinete desea tomar las riendas con una sola mano, por ejemplo la izquierda, sólo debe pasar la rienda derecha del filete a la mano izquierda, colocándola sobre el índice, pasándola por la palma de la mano hacia abajo.

LAS AYUDAS ARTIFICIALES

La fusta. La fusta sirve para reforzar las ayudas de las piernas si éstas resultan insuficientes.

Aplicación

Debe usarse con rapidez y ligeramente detrás de la pierna, para reforzar la ayuda o llamar la atención.

A veces hará falta cambiar la fusta de mano. Para ello, todas las riendas se pasan a la mano que sujeta la fusta, y la mano libre toma la fusta por debajo de la mano que la sujeta, con la parte superior de la mano mirando hacia el cuerpo del jinete. Ahora la fusta se cambia suavemente al otro lado, con la punta por delante de la cara del jinete; y la nueva mano que lleva la fusta, vuelve a coger las riendas de ese lado. Otro sistema es poner todas las riendas en la mano que sujeta la fusta; con la mano libre coger la fusta por arriba del puño que la sujeta, y deslizarla de la mano. Ahora la fusta se lleva con cuidado hacia el otro lado, se gira y se vuelve a bajar. Se vuelven a tomar las riendas de ese lado.

La fusta de doma se usa para el trabajo en el picadero. Debe medir entre 90 cm y 1,20 m de modo que tenga suficiente longitud para aplicarla sin tener que soltar la mano de la rienda. Se gira la muñeca para dar un toque detrás de la pierna del jinete, cuando sea necesario.

La fusta corta, que se usa para el salto, no debe exceder de 75 cm. Para aplicarla detrás de la pierna, el jinete debe tomar las riendas en una mano. El jinete debe practicar este movimiento, al igual que coger habilidad para cambiar la fusta de mano.

Las espuelas. Al igual que la fusta, sirven para reforzar las ayudas de las piernas, si éstas resultan insuficientes. Deben permitir dar unas ayudas más discretas.

Aplicación

Cuando se aplican, las espuelas sólo deben rozar la piel. Las espuelas son un refinamiento de las ayudas y no deben usarse como un mero sistema para crear impulsión. El jinete debe saber usar las piernas sin tocar el caballo con las espuelas.

Las espuelas rara vez son usadas en la primera fase de doma de un caballo y no deben ser usadas por jinetes inexpertos.

Las ayudas artificiales sólo entran en acción cuando las piernas no resultan eficaces.

RESUMEN

• El objetivo de las ayudas es estimular que el caballo avance, con rectitud y ritmo.

• Se monta desde la pierna interior hacia la rienda exterior.

• Se usa la pierna interior sobre la cincha para lograr la impulsión.

• Se usa la pierna exterior, ligeramente atrasada, para controlar los posteriores.

• Se usa la rienda interior para dar dirección y flexión.

• Se usa la rienda exterior para el equilibrio, para controlar el ritmo y la flexión.

• El peso del jinete se traslada hacia el interior en giros, círculos y trabajo en dos pistas.

• El cuerpo se gira en la dirección del movimiento.

• El cuerpo siempre debe estar erguido.

Las *ayudas correctas* son las que:

• Aseguran la impulsión del caballo hacia adelante de manera voluntariosa y totalmente bajo control del jinete.

• Determinan el ritmo y/o la dirección del movimiento.

• Son discretas.

Las *ayudas son incorrectas* cuando:

• Limitan o restringen el cuerpo o la velocidad del caballo a la fuerza.

• Crean más impulsión de la que el jinete puede controlar.

• No crean la impulsión suficiente para facilitar que el caballo acepte el filete.

• Impiden que el peso del jinete pueda moverse en armonía con el caballo.

• Impiden que las manos sigan el movimiento del caballo.

• No son suficientemente definidas o claras para que el caballo pueda comprender su significado.

• Se usan constantemente, incluso sin querer y sin razón o sin avisar.

• Se usan de manera obviamente brusca, o castigan sin justificación.

4

Uso de las ayudas

INTRODUCCIÓN

Este capítulo describe cómo el jinete debe usar las ayudas para transmitir sus deseos al caballo. Las ayudas son relativamente pocas, pero su manera de aplicarlas puede variar enormemente —por ejemplo el grado de presión de cada pierna y el contacto en cada mano— y su aplicación exige mucho conocimiento y tacto por parte del jinete.

Para que las ayudas sean lo más eficaces posible, el jinete mismo debe estar en equilibrio, y esto sólo se consigue con una posición correcta.

Definiciones. Para una definición más completa de los movimientos, véase el *Reglamento de Doma Clásica* de la Federación Nacional, y el *Reglamento para los Concursos de Doma Clásica* de la Federación Ecuestre Internacional (FEI).

Los términos *interior* y *exterior* se usan con frecuencia y se refieren a la ligera incurvación a lo largo de todo el cuerpo del caballo, siendo el interior siempre el lado cóncavo del caballo correctamente incurvado, y viceversa; *no hacen referencia a los lados de la pista o picadero.*

MOVIMIENTO HACIA ADELANTE

En todo movimiento hacia adelante es esencial que el jinete mire al frente, hacia el punto donde está dirigiendo al caballo.

La primera ayuda empleada por el jinete es la de activar los posteriores del caballo para moverse hacia adelante. Para lograr esto en el paso, trote o galope (a menudo indicado como "partir a"), o cualquier transición a un aire superior, las ayudas son las siguientes:

Partir y transiciones crecientes

El jinete:

- Controla su posición.
- Mantiene un suave contacto con la boca del caballo a través de las riendas.
- Aplica más presión con ambas piernas sobre la cincha, no una presión continua, sino una serie de toques rápidos y vibrantes con la parte interior de las pantorrillas.
- El jinete avanzado, capaz de sentir la inclinación natural de su caballo hacia la izquierda o la derecha, puede compensar esto al partir a un aire superior, adoptando la posición opuesta: es decir, posición hacia la derecha sobre un caballo con inclinación hacia la izquierda. (Véase *Colocación hacia la derecha y la izquierda,* pág. 38.) Esto ayuda a mantener la flexibilidad y la rectitud del caballo.

Partir a galope

El jinete:

- Controla su posición.

• Pide la colocación a su caballo, izquierda o derecha, según a qué mano de galope desea partir (véase pág. 38.)

• Aplica la pierna exterior detrás de la cincha para fomentar que el caballo avance con el posterior de ese lado y de esta manera inicie la secuencia del galope (pág. 47.)

• Aplica la pierna interior sobre la cincha para estimular el movimiento hacia adelante.

• Adelanta el isquion interior y, cuando el caballo haya salido a galope, el peso del jinete viene ligeramente hacia el interior.

• Traslada su peso ligeramente hacia el interior.

• Procura mantener el caballo recto y no dejar que el tercio posterior se venga hacia dentro.

Transiciones crecientes dentro del mismo aire.

Para transiciones desde la reunión, hacia el aire de trabajo, medio o largo, el jinete:

• Controla su posición.

• Hace una media parada para que el caballo remeta los posteriores.

• Aplica las piernas sobre la cincha para alargar el tranco.

• Con las manos, mientras mantiene la impulsión, permite que el caballo alargue su perfil (línea exterior).

• Mantiene el asiento flexible, mediante el movimiento de sus riñones y caderas, permitiendo el movimiento hacia arriba del dorso del caballo.

Nota. Al trote, durante la enseñanza del jinete, es conveniente hacerlo levantado.

CONTROLAR EL MOVIMIENTO HACIA ADELANTE

Las riendas se usan para controlar el movimiento hacia adelante, pero excepto en el caso de un potro, su acción debe ser conjunta con el asiento y las piernas con el fin de mantener los posteriores activados. Las ayudas de las riendas se aplican con un movimiento sutil de los dedos y las manos.

Transiciones decrecientes

El jinete:

• Controla su posición

• Hace varias medias paradas con la rienda exterior o con ambas, aunque lo más habitual es con la exterior.

• Usa las piernas y el asiento para estimular y hacer remeter los posteriores, de modo que se aligera el tercio anterior del caballo.

• Utiliza las riendas lo mínimo necesario con una acción de control restringente pero no restrictiva. La ayuda de reducción suele darse con la rienda exterior.

• Tan pronto se haya establecido el aire nuevo, el jinete monta hacia adelante usando el asiento y las piernas, asegurándose de mantener el ritmo de ese nuevo aire.

• Procura mantener su equilibrio de modo que no se adelante al movimiento.

La media parada (pág. 77.) Ésta es una versión moderada y apenas visible de la parada, "la reunión momentánea de un caballo en movimiento" (Von Blixen-Finecke).

El jinete:

• Aplica momentáneamente las ayudas para avanzar con el asiento y las piernas.

• Momentáneamente restringe con las manos el deseo de ir hacia adelante del caballo, de modo que logra una mayor reunión del mismo, más que avanzar con mayor rapidez.

• Cede momentáneamente la presión sobre las riendas antes de restablecer el contacto original.

La parada (páginas 78 y 81.) Las ayudas son las mismas que para todas las transiciones a aires inferiores, pero en este caso la mano actúa conteniendo pero cediendo, finalmente paraliza el movimiento. Incluso en la parada no se debe dejar escapar la impulsión, de modo que el caballo mantiene un ligero contacto con el filete, y las piernas del jinete siguen puestas al caballo.

Pasos atrás (pág. 84)
El jinete:

• Hace una parada cuadrada, procurando mantener el caballo en la mano.
• Aligera su asiento poniendo más peso sobre los muslos y los estribos.
• Aplica las piernas justo detrás de la cincha.
• Evita la consiguiente intención del caballo de avanzar hacia adelante, reteniendo las riendas.
• Relaja la presión sobre las riendas tan pronto el caballo retrocede. Es vital que el jinete no tire de las riendas ya que entonces el caballo se resistirá o se precipitará hacia atrás contra la mano. Además hay que mantener la rectitud del caballo, con la aplicación adecuada de las piernas y, si es necesario, las riendas.

GIROS Y CÍRCULOS
(figura 3, pág. 16)
En giros y círculos el caballo se incurva alrededor de la pierna interior del jinete. Los posteriores deben seguir exactamente en las huellas de los anteriores. Esto se consigue montando con la pierna interior contra la rienda exterior.

Para hacer un giro o círculo
El jinete:

• Controla su posición
• Aplica los dedos intermitentemente sobre la rienda interior, para establecer un contacto más flexible y una ligera flexión, para así indicar la dirección.
• Gira su cuerpo hacia el interior y traslada su peso ligeramente sobre el estribo interior.
• Utiliza la rienda exterior para permitir la

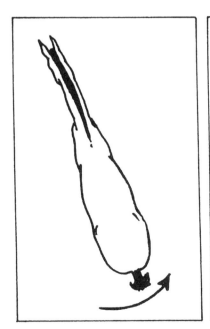

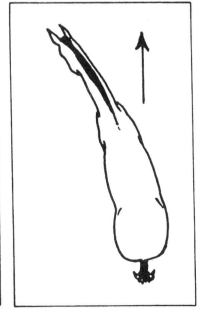

Fig. 8a. Giro sobre el tercio anterior.   **Fig. 8b.** Cesión a la pierna.   **Fig. 8c.** Espalda adentro.

flexión del cuello y la cabeza del caballo con un contacto constante, salvo que la use para controlar la impulsión y limitar el grado de la flexión.

• Utiliza ambas piernas y un asiento flexible para mantener la impulsión, pero la pierna interior sobre la cincha domina y debe ser suficientemente eficaz para inducir el caballo a mover el posterior de ese lado hacia adelante y ligeramente por debajo del centro de la masa; solamente así el caballo podrá seguir el verdadero trazado del círculo.

• Mantiene la pierna exterior ligeramente atrasada. La pierna permanece pasiva en esta posición, preparada para intervenir si la grupa del caballo tiende a salirse del círculo.

• Procura no aumentar la presión sobre la rienda interior.

Colocación hacia la derecha y la izquierda. El jinete lleva colocación hacia la derecha cuando su pierna derecha está sobre la cincha y su pierna izquierda ligeramente detrás de la cincha, indicando una ligera flexión con la rienda derecha y controlando la impulsión, la velocidad y el grado de la flexión con la rienda izquierda. Entonces monta con la pierna interior hacia la rienda exterior. En la colocación a la izquierda las ayudas son al revés.

El jinete se pasa mucho tiempo con la colocación hacia un lado u otro, para enderezar el caballo torcido por naturaleza; también por la frecuencia de los giros, la acción del caballo al galope, y como preparación para muchos movimientos.

TRABAJO EN DOS PISTAS

El trabajo en dos pistas se refiere a cualquier forma de movimiento en que al menos uno de los posteriores del caballo sigue una pista distinta a la de los anteriores; el caballo se mueve lateralmente además de hacia adelante.

 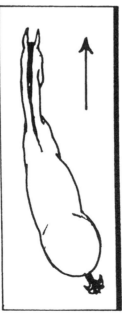 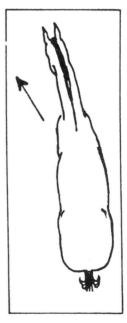 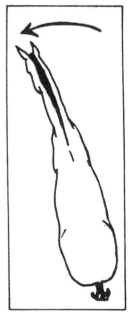

Fig. 8d. Cabeza al muro (grupa adentro o travers). **Fig. 8e.** Grupa al muro (renvers). **Fig. 8f.** Apoyo. **Fig. 8g.** Pirueta.

Giro sobre el tercio anterior (pág. 78.) Los posteriores del caballo giran alrededor de los anteriores, ya sea en dirección contraria a la incurvación o, alternativamente, en dirección a la misma (figura 8a). Este ejercicio se usa para enseñar al jinete el uso de las distintas ayudas de piernas y riendas y al caballo a ceder a la pierna.

El jinete:

• Corrige su posición.
• Mantiene el paso o la parada momentáneamente.
• Indica la dirección pidiendo una ligera flexión hacia el interior.
• Aplica la pierna interior sobre la cincha con presión vibrante. Atrasa la pierna exterior ligeramente detrás de la cincha, donde puede aplicarse para controlar el movimiento si el caballo empieza a girar demasiado deprisa.
• Utiliza la rienda exterior para restringir el movimiento hacia adelante y para evitar demasiada flexión del cuello del caballo.
• Gira su cuerpo ligeramente en la dirección del giro. Al completar el ejercicio, hace avanzar el caballo cerrando la pierna exterior y cediendo las manos.

Alternativa: El giro sobre los anteriores efectuado de la manera arriba descrita, implica que el caballo mueve la grupa en dirección opuesta a la incurvación. El giro sobre las manos también puede hacerse intercambiando las ayudas, de modo que la pierna exterior del jinete es la que activa al caballo a avanzar y girar por adelante del posterior interior como en la cabeza al muro (travers) (véase pág. 40); entonces el caballo mueve el posterior en dirección a la incurvación.

Cesión a la pierna (pág 86.) Al ceder a la pierna, el caballo se mantiene recto, excepto una ligera flexión en la nuca, de modo que el jinete pueda ver parte del ojo y ollar interior. La flexión es en dirección contraria a la del movimiento. Los remos interiores cruzan por delante de los exteriores.

Éste es el más básico de los movimientos en dos pistas y puede efectuarse al paso y trote de trabajo. Por ello, muchos jinetes y/o caballos comienzan el trabajo en dos pistas con este ejercicio.

El jinete:

• Corrige su posición.
• Aplica la pierna interior sobre la cincha. Ésta es la pierna activa, que hace que el caballo no sólo avance hacia adelante, sino también remete el posterior interior más por debajo de la masa y ligeramente por adelante del posterior exterior.
• Mantiene la pierna exterior justo detrás de la cincha y la aplica cuando sea necesario para mantener el caballo recto y/o avanzando hacia adelante.
• Con la rienda interior pide una ligera flexión en la nuca de modo que el jinete llega a ver parte del ojo y ollar interior.
• Utiliza la rienda exterior para regular la flexión y mantener el equilibrio del caballo, así como para evitar que se salga la espalda.

Espalda adentro (pág. 86.) En la espalda adentro el caballo se mueve lateralmente en tres o cuatro pistas. Está incurvado en dirección contraria a la que va, alrededor de la pierna del jinete (figura 8c).

El jinete:

• Controla su posición.
• Mejora la impulsión y el equilibrio con una media parada.
• Indica la flexión con la rienda interior.
• Aumenta la presión de la pierna interior justo detrás de la cincha.
• Contiene esta impulsión de más cerrando los dedos de la rienda opuesta (la exterior), evitando que el caballo siga recto.
• Deja su pierna exterior algo más atrás de la cincha que la interior, para mantener

la incurvación y evitar que se salga el posterior, al igual que sobre el círculo.

• Gira su cuerpo ligeramente hacia el interior.

• Traslada su peso ligeramente sobre el interior.

• Se mantiene erguido y en equilibrio con el caballo.

Si la espalda adentro se efectúa correctamente debe ser posible soltar la rienda interior durante unos trancos sin que el caballo pierda su equilibrio, ni la impulsión ni el ritmo.

Cuando la mano exterior del jinete deja avanzar el caballo en línea recta de nuevo, debe hacerlo inmediatamente, y volver sobre el círculo. No obstante, en una prueba de doma, el caballo debe poder volver recto sobre la pista.

Cabeza al muro (travers) y grupa al muro (renvers) (pag. 87.) En la cabeza al muro o grupa adentro (travers) y en la grupa al muro (renvers) el caballo es incurvado alrededor de la pierna interior del jinete; el caballo mira y se mueve hacia adelante y lateralmente en la dirección de la incurvación. Hay poca diferencia entre ambos ejercicios: en la grupa adentro el tercio anterior del caballo sigue sobre la pista o línea central; en la grupa al muro son los posteriores los que permanecen sobre la pista más exterior del picadero mientras que el tercio anterior discurre por una pista más al interior.

Las ayudas para la grupa adentro y la grupa al muro son idénticas salvo la posición original del caballo.

El jinete:

• Controla su posición.

• Mejora el equilibrio y la impulsión con una media parada.

• Pide la incurvación con la rienda y pierna interior.

• Aplica la pierna exterior detrás de la cincha para mover la grupa.

• Controla la impulsión y el grado de incurvación con la rienda exterior.

Apoyos (pag. 88.) Esto es una variante de la grupa adentro, ejecutada sobre la diagonal. El caballo está ligeramente incurvado alrededor de la pierna interior del jinete y debe estar paralelo lo máximo posible al lado mayor de la pista, pero con el tercio anterior ligeramente por delante del posterior. El caballo mira en la dirección que va, moviéndose hacia adelante y hacia un lado al mismo tiempo (figura 8f).

Las ayudas son similares a las de la grupa adentro o cabeza al muro (travers) y grupa al muro (renvers).

El jinete:

• Controla su posición.

• Mejora el equilibrio y la impulsión del caballo con una media parada.

• Coloca el caballo en posición, sacando el tercio anterior hacia el interior de la pista.

• Mira y gira el cuerpo en dirección al punto donde debe acabar el ejercicio.

• Pesa más sobre el estribo interior.

• Mantiene el movimiento hacia adelante y la incurvación con la pierna interior.

• Mantiene la flexión con la rienda interior.

• Aplica la pierna exterior detrás de la cincha para invitar el caballo a cruzar sus extremidades exteriores por delante de los interiores, variando la presión rítmicamente.

• Usa la rienda exterior para controlar el movimiento hacia adelante y para evitar demasiada flexión.

Al finalizar el ejercicio, las ayudas de la pierna exterior aumentan gradualmente hasta poner el caballo recto (es decir paralelo) sobre la pista antes de seguir avanzando en una sola pista, o antes de cambiar a apoyar hacia el otro lado. Los apoyos se pueden hacer a los tres aires.

La pirueta (páginas 88 y 94). Es un círculo o semicírculo ejecutado en dos pistas con un radio igual a la longitud del caballo. El tercio anterior se mueve alrededor del tercio posterior. Los anteriores y el posterior exterior se mueven alrededor del pie interior, que actúa como pivote, volviendo sobre el mismo lugar o justo adelante en cada batida (figura 8g).

El jinete:

• Reúne el caballo mediante una serie de medias paradas.
• Utiliza ayudas similares a las del apoyo, excepto que la longitud del tranco es ajustada para reducir el movimiento hacia adelante y producir un apoyo sobre el círculo más pequeño posible.

Las piruetas y medias piruetas pueden hacerse al paso y, más tarde, al galope, pero al trote sólo pueden hacerse piafando.

EL TRABAJO AL GALOPE

Galope en trocado (pag. 84). El jinete pide que el caballo galope con la mano exterior en vez de la interior, de modo que a mano izquierda, por ejemplo, el caballo galopa con la mano derecha.

El jinete:

• Usa las mismas ayudas que para el galope, manteniendo su posición hacia la mano del galope, es decir, por ejemplo, sigue sentado y aplicando las ayudas para el galope izquierdo, cuando el caballo galopa con la mano izquierda hacia el lado derecho. Al principio puede ser necesario mantener estas ayudas más fuertes, con las piernas decididamente aplicadas y el peso claramente hacia el interior, que es la mano del galope que lleva el caballo.

Cambio de pie (páginas 84-85). Para cambiar de pie a galope el caballo puede hacerlo con paso o trote intermedio, o directamente (en el aire). En el cambio simple (cambio de pie con pasos intermedios) se efectúa una transición al paso y vuelve a partir al galope a la otra mano. El cambio de pie en el aire se realiza en el momento de suspensión del galope y deben cambiar los anteriores y los posteriores al mismo tiempo.

Cambio simple de galope de izquierda a derecha (pág. 84).

El jinete:

• Controla su posición.
• Pide la transición al paso.
• Una vez al paso, cambia las ayudas y pide el galope a la derecha.

El momento preciso: En el caso del cambio simple con transición a paso/trote esto no es difícil pero, para lograr el cambio en el aire, éste debe tener lugar durante el momento de suspensión tras pisar el suelo la mano del lado del galope. Sólo en ese momento los cuatro pies se hallan en el aire, y sólo en ese momento el caballo puede responder a las ayudas para cambiar el posterior y por tanto la secuencia del galope.

Cambio de pie de izquierda a derecha (pág. 85)

El jinete:

• Controla su posición.
• Hace una media parada para mejorar la impulsión y el equilibrio.
• Justo antes de que la mano del lado del galope pise el suelo, cambia las ayudas de izquierda para el galope a la derecha, sin colapsar sus caderas.
• Procura acompañar el movimiento dorsal del caballo.

Es importante mantener la rectitud del caballo y que el jinete adelante su nueva pierna interior y atrase su nueva pierna exterior en el mismo momento.

MOVIMIENTOS AVANZADOS

Nota: En España se suele utilizar el nombre francés de este ejercicio, en lugar del inglés o alemán "Piaffe" o del castellano Piafar.

Piaffer (pág. 95). Éste es un trote elevado, reunido, altamente cadenciado, en el sitio.
El jinete:

- Controla su posición.
- Usa ambas piernas sobre la cincha, ya sea juntas o alternativamente, para montar hacia adelante hacia un contacto activo de las riendas, pero al mismo tiempo ligero y cediendo. El objetivo es pedir que el caballo remeta un poco más los posteriores, descendiendo su grupa y redondeando el dorso.
- Mantiene el asiento ligero para facilitar que el caballo redondee y mueva el dorso, pero en posición erguida, con los isquiones hacia adelante para estimular la impulsión.
- Cuando el caballo piafa, el jinete indica el ritmo al aumentar o disminuir la presión de sus piernas sin quitarlas del caballo. Cuando el caballo haya comprendido, el jinete debe procurar seguir el ritmo ofrecido por el caballo.

Un caballo bien domado con un equilibrio correcto sólo necesitará un suave pero consistente contacto con las riendas para mantener el piaffer, y siempre debe estar dispuesto a avanzar hacia adelante en passage u otro aire.

A nivel intermedio, el caballo puede ganar algo de terreno, pero el caballo avanzado debe permanecer en el sitio durante 10 o 12 batidas.

El passage (pág. 97). Éste es un trote muy reunido, elevado y cadenciado. Cada bípedo diagonal se levanta más alto y con más tiempo de suspensión que en el trote.
El jinete:

- Mantiene ambas piernas firmemente al caballo y las aplica al ritmo deseado. Así debe estimular el caballo a moverse hacia adelante, en un trote lento, flexible y muy cadenciado.
- Usa las riendas para ayudar a controlar el aire, y hasta cierto punto, el equilibrio.
- Permanece sentado profunda pero suavemente en la silla, acompañando el ritmo del caballo.

USO PRÁCTICO DE LAS AYUDAS

Las ayudas y los movimientos pueden usarse en cualquier tipo de monta. A menudo el caballo deberá realizar ciertos movimientos de doma, no meramente como ejercicio o parte de una reprise, sino por razones estrictamente prácticas. Por ejemplo, en el campo, aparte de la obvia necesidad de las ayudas para cambiar de dirección o de aire, el girar sobre las manos, la pirueta o los pasos atrás, pueden usarse para abrir y cerrar verjas, y el jinete puede evitar que el caballo se asuste de algo al usar la espalda adentro.

SEGUNDA PARTE

Entrenamiento del caballo

5

Los aires

INTRODUCCIÓN

Para domar un caballo correctamente es vital mantener y mejorar la pureza de los aires en vez de crear o dejar de corregir los numerosos defectos que pueden surgir en el movimiento del caballo. Por ello, el domador debe comprender cómo debe moverse un caballo al paso, trote y galope, y cómo en cada uno de estos aires la secuencia del movimiento de las extremidades es diferente, al igual que el ritmo de las pisadas.

EL PASO

Ritmo. Se deben escuchar cuatro pisadas a intervalos iguales. El caballo mueve una extremidad detrás de otra, de modo que se oyen los cuatro tiempos con el mismo intervalo entre ellos. Siempre hay dos o tres pies en el suelo al mismo tiempo y el caballo mueve un pie tras otro sin momento de suspensión.

Secuencia de elevación de las extremidades (figura 9)

Posterior izquierdo; anterior izquierdo; posterior derecho; anterior derecho.

Objetivos

• El ritmo de las cuatro pisadas debe ser regular, con los cuatro tiempos bien diferenciados. Toda pérdida de regularidad en los cuatro tiempos es incorrecto. Esto incluye el paso de dos tiempos (conocido como ambladura).

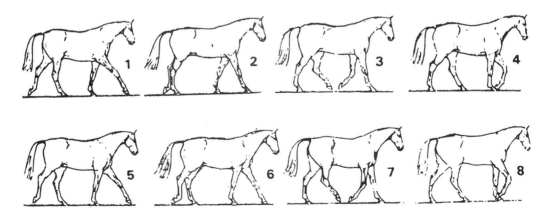

Fig. 9. Secuencia de las pisadas al paso.

• Los pasos deben ser iguales y no precipitados.

• Los pasos deben ser libres, eficaces y no restringidos.

• La cabeza sube y baja al paso. El jinete no debe restringir este movimiento.

• Los cascos se levantan, no se arrastran por el suelo.

Nota. Los defectos en el paso surgen con facilidad, ya que hay poca impulsión para ayudar al jinete a mantener el ritmo. Por ello, al comienzo de la doma, no es aconsejable exigir que el caballo esté "en la mano" al paso.

EL TROTE

Ritmo. Se deben escuchar dos tiempos, con las extremidades moviéndose por bípedos diagonales, separados por un momento de suspensión. Para el jinete resulta difícil permanecer sentado en este momento de suspensión, por lo que puede hacer el trote levantado, elevándose ligeramente de la montura cuando se levanta un bípedo diagonal y volviéndose a sentar cuando éste vuelve a pisar el suelo.

Secuencia de elevación de las extremidades (figura 10)

1. Anterior derecho y posterior izquierdo.

2. Anterior izquierdo y posterior derecho, antes de que el anterior derecho y el posterior izquierdo toquen el suelo.

Objetivos

• El ritmo de los trancos debe ser regular (dos tiempos).

• Los trancos son de la misma longitud y no precipitados.

• Los trancos son ligeros y elásticos.

• Los posteriores se remeten.

• Las articulaciones se flexionan y no se arrastran los pies.

• Los posteriores no tocan los anteriores (alcanzarse).

• La cabeza permanece fija.

Los posteriores son tan activos como los anteriores. Los anteriores no deben mostrar un movimiento más exagerado que el de los posteriores; no deben desviarse, por lo que siempre deben tocar el suelo en el punto hacia el cual se dirigen (figura 11).

GALOPE

Ritmo. Se deben escuchar tres tiempos y, al igual que en el trote, hay un momento de suspensión con los cuatro pies elevados del suelo.

Secuencia de elevación de las extremidades (figura 12)

En el galope a la derecha:

1. Posterior izquierdo.

2. Posterior derecho y anterior izquierdo al mismo tiempo.

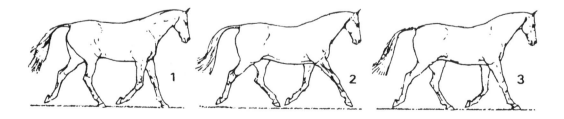

Fig. 10. Secuencia del trote.

Fig. 11. Exagerada acción de los anteriores en el trote, sin la actividad correspondiente de los posteriores.

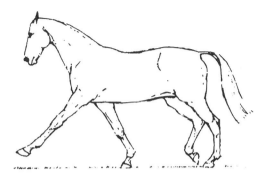

3. Anterior derecho seguido por un momento de suspensión.

En el galope a la izquierda:

1. Posterior derecho.
2. Posterior izquierdo y anterior derecho al mismo tiempo.
3. Anterior izquierdo seguido por un momento de suspensión.

Cuando el galope es desunido (es una falta) los anteriores galopan a una mano y los posteriores a la otra.

Objetivos
• El ritmo de los tres tiempos debe ser regular. No se deben escuchar cuatro tiempos, aunque a menudo se oyen cuando el caballo va demasiado lento sin la suficiente impulsión.

• Los trancos son iguales y no precipitados.
• Los trancos son ligeros y cadenciados.
• Los posteriores se remeten, con los corvejones activos.
• Se mantiene el equilibrio.
• El caballo está recto, con las espaldas directamente por delante y no hacia un lado de sus posteriores.
• El galope es franco (no desunido).
• La cabeza se mueve coordinada con la acción horizontal del cuerpo. El movimien-

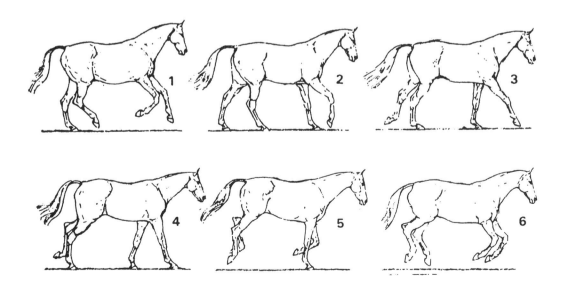

Fig. 12. Secuencia del galope.

to horizontal surge natural, ya que cuando una sola mano está en el suelo, la grupa debe elevarse y la cabeza baja (véase figura 12), mientras que al final del momento de suspensión la grupa baja y la cabeza se levanta. El resultado es una acción saltada del caballo al galope.

GALOPE DE CARRERAS

Ritmo. Éste es el aire más veloz del caballo y el de más extensión: se rompe la secuencia diagonal del galope. Por ello se convierte en un aire donde deben escucharse cuatro tiempos, seguidos por un momento de suspensión.

Secuencia de elevación de las extremidades

Galope a mano izquierda:

1. Posterior derecho.
2. Posterior izquierdo.
3. Anterior derecho.
4. Anterior izquierdo seguido por un momento de suspensión.

Objetivos

• El ritmo de los cuatro tiempos debe ser regular.
• Los trancos son iguales y no precipitados.
• Se mantiene el equilibrio aunque el centro de gravedad está más adelantado.
• El caballo permanece recto con las espaldas directamente por adelante y no hacia un lado de los posteriores.

VARIACIONES DENTRO DE UN AIRE

En cada aire se le puede pedir al caballo alargar o reunir sus trancos (es decir, cambiar la longitud de sus trancos y de su perfil-línea exterior). El grado de variación dentro del mismo aire depende del nivel de doma del caballo y de sus aptitudes naturales.

En la doma básica, el caballo no posee ni la impulsión ni la flexibilidad para reunir

o alargar sus trancos de verdad: por ello el trote y galope sólo se deben pedir de trabajo, y el paso sólo medio y libre. Al avanzar la doma progresivamente, se puede pedir más reunión y al mismo tiempo más extensión, consiguiendo primero el trote medio y galope medio, y luego el paso largo, trote y galope largo.

Objetivos de estas variaciones

• La reunión debe resultar en trancos más cortos, no más lentos, y en la extensión trancos más amplios y largos, pero no más rápidos. Al intentar alargar los trancos una de las faltas comunes es la precipitación, que puede llevar a la rigidez y estropear los aires. Casi siempre es por culpa del jinete, al pedir que el caballo alargue sin que tenga la suficiente impulsión para hacerlo.
• Los trancos deben ser regulares: es decir, cuando se ha logrado la amplitud deseada, cada tranco debe mantenerse en la misma longitud, de modo que cada tranco es *igual.*
• El ritmo de los tiempos de un aire determinado debe seguir inalterado (el paso cuatro tiempos, el trote dos tiempos, el galope tres tiempos): es decir, el aire debe ser *regular.*
• En todas las variaciones dentro de un mismo aire, el caballo debe seguir franco, con ganas de ir hacia adelante.

AIRES DE TRABAJO (figura 13)

Estos aires se hallan entre las formas reunida y media. Se usan sobre todo para caballos que todavía no están suficientemente domados y preparados para los aires reunidos. El paso de trabajo no existe, pero el trote y galope de trabajo son los aires básicos a partir de los cuales se desarrollan la reunión y la extensión.

Objetivos de todos los aires de trabajo

• Mantener el equilibrio.
• Mantener el caballo "en la mano".
• Los corvejones activos, y esto no signi-

Fig. 13a. Trote de trabajo.   **Fig. 13b**. Galope de trabajo.

fica reunión, sino la producción de impulsión de unos posteriores activos.

• Producir trancos libres y elásticos.

LOS AIRES MEDIOS (figura 14)

Éstos son aires de moderada extensión, entre trabajo y largo.

Objetivos de todos los aires medios

• Trancos más amplios que de trabajo, pero más redondos y cortos que en extensión.

• Trancos regulares.

• Producir impulsión de los posteriores activos.

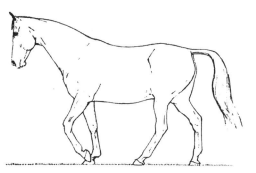

Fig. 14a. Paso medio.

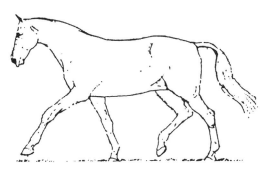

Fig. 14b. Trote medio.

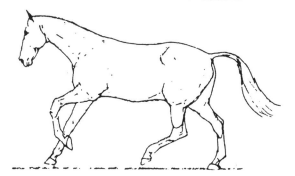

Fig. 14c. Galope medio.

Fig. 15a. Paso largo.   **Fig. 15b.** Trote largo.

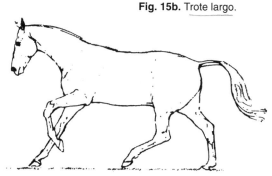

Fig. 15c. Galope largo.

• Mantener el caballo "en la mano" (véase páginas 74-75) con la cabeza y el cuello ligeramente más bajo que en los aires de trabajo y reunidos. La cabeza debe venir algo más por adelante de la vertical que en los aires reunidos y de trabajo.

Características particulares: En el paso medio los posteriores deben pisar el suelo por delante de las huellas de los anteriores. A este paso se empieza a trabajar un potro.

AIRES ALARGADOS (figura 15)
En los aires largos el caballo produce la mayor extensión de sus trancos.

Objetivos de todos los aires alargados
• Los trancos deben ser lo más amplios posibles.
• Producir impulsión de unos posteriores activos.

• Mantener el caballo tranquilo, ligero en el tercio anterior.
• Mantener el caballo "en la mano", con la cabeza y el cuello más bajo y alargado de modo que los trancos se vuelven más amplios, en vez de elevados.
• No hacer trancos precipitados.
• Mantener el mismo ritmo.

Características particulares: En el paso largo, los posteriores deben adelantar todavía más las huellas de los anteriores que al paso medio, y el jinete debe permitir que el caballo alargue el cuello y la cabeza, pero sin perder el contacto con la boca. Al trote largo los anteriores no deben desviarse (figura 11).

AIRES REUNIDOS (figura 16)
En estos aires los trancos se vuelven más cortos y elevados, y el caballo es más manejable.

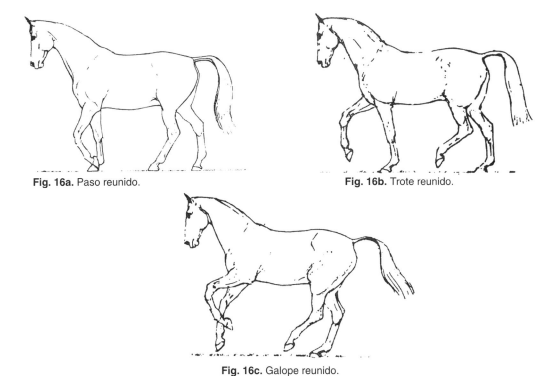

Fig. 16a. Paso reunido.

Fig. 16b. Trote reunido.

Fig. 16c. Galope reunido.

Objetivos de todos los aires reunidos

• Producir impulsión activa de los posteriores, fuertemente remetidos con las articulaciones bien flexionadas. Esto debe resultar en una mayor ligereza del tercio anterior, dejando las espaldas libres y móviles.

• Mantener el caballo "en la mano", con la nuca alta y arqueada, de modo que existe una curva armoniosa desde la cruz hasta el punto más alto —la nuca—. La cabeza debe estar ligeramente por delante de la vertical pero puede estar más o menos perpendicular cuando el jinete aplica sus ayudas.

• Los posteriores remetidos.

• La grupa descendida.

Características particulares: En el paso y trote reunido, los posteriores deben pisar el suelo dentro o justo detrás de las huellas de los anteriores.

AIRES LIBRES

En los aires libres se concede libertad total al caballo para bajar y estirar la cabeza y el cuello. El caballo se relaja, pero se mantiene activo. El paso libre es el más usado, sobre todo con potros, como premio al trabajo bien hecho.

6

Dar cuerda

INTRODUCCIÓN

El dar cuerda puede usarse a lo largo de toda la doma del caballo. Si se hace bien, mejora la coordinación del animal, desarrollando su ritmo, equilibrio, flexibilidad, deseo de ir hacia adelante y su condición física; pero, probablemente más importante que todo esto, sirve para entrenar el carácter del caballo y puede influir en su temperamento. A la cuerda, el caballo aprende a respetar, a confiar y obedecer a su domador.

El uso principal de la cuerda es para:

• Doma inicial del potro.
• Volver a domar caballos resabiados.
• Ejercitar caballos que no se montan.
• Relajar caballos fuertes o nerviosos antes de montar.
• Trabajo de doma avanzada.
• Enseñar al jinete (véase capítulo 2).

Dar cuerda es por tanto un aspecto vital del trabajo con caballos, pero para que sea provechoso para él, hace falta un domador con bastante experiencia, conocimiento y habilidad para anticipar los movimientos del caballo.

EQUIPO

Zona de dar cuerda (pág. 22). Una zona lisa, suficientemente grande para conte-ner un círculo de 20 metros. Es una ventaja si es un lugar cerrado (se pueden usar barras de obstáculos, balas de paja, etc., si no existe un lugar específico) y bastante tranquilo para que se pueda mantener la atención del caballo.

Equipo

• *Una cabezada de filete,* preferiblemente con un filete simple, grueso. La muserola puede ser normal o alemana (baja). Si las riendas no se han quitado, nunca deben sujetarse a los estribos o la montura; en su lugar se enroscan y se sujetan con el ahogadero (figura 17).

• *Un cabezón para dar cuerda.* Éste posee una muserola acolchada con tres anillas metálicas en su parte central y unos montantes. Se pone por encima de la cabezada de filete y se puede ajustar bajo la barbada como una muserola alemana, o por encima del filete como una muserola normal. La cuerda se engancha con el mosquetón a la anilla central de la muserola. La muserola y el montante deben ajustarse bien, para evitar que el cabezón pueda girarse y llegar a tocar el ojo del caballo.

• *Una cuerda larga* de unos diez metros, de lona o nylon, con un asa grande en un extremo y un mosquetón giratorio en el otro.

• *Riendas de atar* (riendas fijas), que deben medir unos dos metros, con un mos-

Fig. 17. Caballo equipado para dar cuerda. La figura muestra como se pueden entrelazar las riendas y fijarlas con el ahogadero.

quetón en un extremo y una hebilla en el otro. Deben poseer gran número de agujeros en el extremo de la hebilla para poder ajustar la rienda a la medida.

• *Un cinchuelo* con anillas en ambos lados donde sujetar las riendas de atar.

• *Un petral* para evitar que el cinchuelo o la montura se deslicen hacia atrás.

• *Una montura,* con sudadero.

• *Protectores* en las cuatro extremidades para evitar que el caballo se lesione.

• *Una tralla* con suficiente longitud para poder alcanzar al caballo.

TÉCNICA DE DAR CUERDA

El domador. El domador debe llevar guantes para dar cuerda, de modo que si el caballo llega a tirar de la misma, ésta no

le queme la mano. Nunca debe llevar espuelas, ya que podría tropezar.

El domador en posición correcta será más eficaz y podrá reaccionar rápidamente para controlar el caballo si de repente tira o se gira. En la posición correcta:

• El cuerpo queda erguido.

• Los brazos cuelgan relajados, con el antebrazo más o menos en ángulo recto con el cuerpo.

• Las piernas ligeramente separadas.

La cuerda. Debe mantenerse en la mano a que va el caballo, con la tralla en la otra. El extremo de la cuerda tiene un asa (véase figura 18) de modo que la cuerda pueda extenderse sin nudos, y se enrolla en bucles que se sujetan en la mano que sea más cómoda.

La posición. El domador está en un ángulo de unos 35 a 40° con el tercio anterior del caballo; la cabeza de éste queda justo por delante, y él en línea con las caderas del caballo. Debe concentrarse en el movimiento de los posteriores más que de los anteriores, tratando de activar el caballo en

Fig. 18. La primera lección a la cuerda, cuando se puede emplear un ayudante.

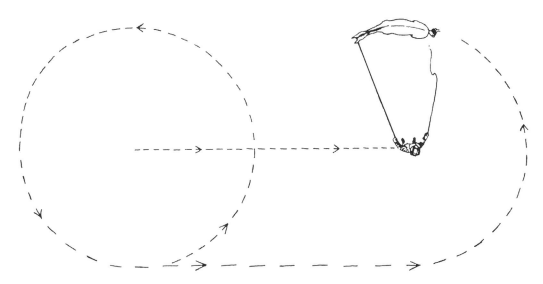

Fig. 19. Trayectoria del caballo y el entrenador, cuando el caballo alarga sus trancos o salta a la cuerda.

un círculo a su alrededor. El control sobre el posterior es vital si el domador ha de prevenir que el caballo se pare o se gire. El caballo, la tralla y la cuerda deben formar un triángulo (figura 19).

El caballo debe trazar un verdadero círculo, de modo que el domador se queda en el sitio, girando sobre un pie. No obstante, con un potro, para mantener el control puede ser necesario acortar la cuerda, acercarse más al caballo y caminar en un círculo pequeño.

Los círculos pequeños son una carga para el caballo: por ello, el potro jamás debe trazar un círculo inferior a 20 metros de diámetro. Solamente un caballo domado y sano puede trabajar sobre un círculo más pequeño.

LAS AYUDAS

Su objetivo es de simular las ayudas usadas al montar. La cuerda es el equivalente de las riendas; la fusta sustituye a las piernas, y la voz es usada en conjunto con ambas ayudas.

La cuerda debe usarse para mantener

un contacto ligero y consistente con el caballo, y las ayudas deben aplicarse con movimientos rápidos de los dedos, o, si el caballo empieza a pesar sobre la cuerda, tomando y cediendo, pero no tirando de él.

La tralla se usa como ayuda, y sólo en casos excepcionales como castigo. Por ello el caballo debe estar familiarizado con la tralla antes de empezar a dar cuerda y debe aprender a tolerar el roce en su costado y tercio posterior.

Al dar cuerda, la tralla puede aplicarse si es necesario para hacer avanzar el caballo o aumentar la actividad de los posteriores. Debe tocarle justo encima de los menudillos, pero con calma; el domador no debe adelantarse ni perder el contacto con la cuerda. Normalmente, la amenaza de la tralla con un movimiento o ruido es suficiente.

La tralla también es usada para mantener el caballo sobre el círculo. Si empieza a reducir el círculo o se viene hacia dentro, se puede apuntar con la tralla y, si es necesario, hacerla sonar en dirección a la espalda del caballo.

La voz es la ayuda más frecuente, minimizando el uso de la tralla para hacer avanzar el caballo y de la cuerda para hacerle reducir su marcha. También se usa para tranquilizar y calmar el caballo y ayudarle a establecer un ritmo en sus aires. La eficacia de la voz, al principio, se consigue en conjunto con las ayudas de la cuerda y de la tralla, de modo que el caballo aprende que una orden breve y aguda "¡paso!", "¡trote!" "¡galope!" significa avanzar, y una baja y alargada, "hohooo", "paaaso", "troooot", significa reducir la velocidad. El tono de la voz es más importante que las palabras usadas.

EL TRABAJO

Es aconsejable empezar a la mano más cómoda para el caballo (generalmente la izquierda), aunque siempre se le debe trabajar por igual a ambas manos.

El tiempo dedicado a la cuerda depende mucho del nivel de doma del caballo, su condición física y el tipo de trabajo a la cuerda —puede ir al paso bastante rato, pero mucho menos a galope—. Como regla general, de cinco a diez minutos a ambas manos es suficiente para un potro o caballo verde y, a medida que va cogiendo fuerza y equilibrio, se puede aumentar gradualmente hasta una sesión de unos diez a quince minutos a cada mano. El caballo jamás se debe trabajar demasiado; entonces sólo perdería su entusiasmo y/o se estresaría mentalmente.

Tan pronto el caballo se haya acostumbrado a llevar la cabezada de filete y el cabezón de dar cuerda dejándose conducir a ambas manos y haya aprendido a obedecer a las ayudas de la voz para caminar y parar, se puede empezar a darle cuerda.

Para la primera lección debe llevar el mismo equipo que cuando se llevaba de la mano —simplemente una cabezada de filete, el cabezón y los protectores—. La cuerda se engancha a la anilla central del cabezón.

Asistencia. Es aconsejable, hasta para los domadores más experimentados, usar un ayudante durante las primeras lecciones. El ayudante puede llevar el caballo desde el interior del círculo con la cuerda pasando por sus manos hacia las del domador en el centro (figura 18). Cuando el caballo haya aprendido que debe moverse en círculo, el ayudante puede retirarse poco a poco, hacia el domador, y si el caballo sigue su trayectoria, acabar alejándose. El mismo procedimiento debe hacerse a la otra mano.

Puede ser peligroso para el ayudante llevar el caballo desde el exterior.

La parada. Cuando el caballo haga un círculo correcto hay que enseñarle a parar y partir al paso a la orden. Aun llevado de la mano, debe haber aprendido que "hoho" y unas vibraciones sobre las riendas significan "parar". Las mismas ayudas deben aplicarse a la cuerda, procurando controlar el posterior con la tralla para evitar que el caballo se vuelva hacia el domador. Al principio, para esto puede hacer falta la ayuda de otra persona.

El caballo debe parar sobre el trazado del círculo (aunque algunos domadores prefieren que venga caminando hacia ellos). No se le debe exigir permanecer inmóvil por más de unos pocos segundos. El entrenador ahora debe pedir paso de nuevo, o bien acercarse al caballo (manteniendo la tralla detrás de la espalda) para premiarlo con palmaditas, hablando y, ocasionalmente, dándole alguna golosina.

Si el caballo no se para recuerde que no necesariamente es por falta de obediencia sino por falta de comprensión, de modo que tenga paciencia. Si persiste, acérquelo hacia la valla (que no pueda saltar). Si no responde a la orden de parada "hoho", manténgalo entre la tralla y la cuerda para dirigirlo hacia la valla o pared, repitiendo la orden. Se verá forzado a parar. Cuando lo haga, hay que premiarlo.

Fig. 20. Riendas de atar correctamente ajustadas (izquierda); demasiado cortas (derecha).

Programar. No puede haber programa para las lecciones siguientes. El caballo debe aprender cada una de ellas a su vez, permaneciendo tranquilo, relajado y obediente antes de progresar a la siguiente lección. Las primeras sesiones se harán sin riendas de atar, al paso libre y trote de trabajo. Es mejor no hacer galopar hasta que el caballo esté más preparado, pero si sale muy fuerte, se le puede dejar galopar hasta que se tranquilice y pueda prestar atención.

Las fases

• *Dar cuerda con cinchuelo.* El cinchuelo se ajusta como en la página 62, y se da cuerda con el cinchuelo ajustado. El caballo debe aprender a relajarse y moverse libremente con esta restricción alrededor de su cuerpo.

• *Dar cuerda con la silla.* Cuando el caballo vaya relajado con cinchuelo se le puede empezar a poner la montura. Al principio hay que quitar los estribos. Más adelante se pueden recoger y, finalmente, antes de empezar a subirse, pueden colgar libremente por poco tiempo, de modo que el caballo se acostumbre a ser tocado en el lugar donde vendrán las piernas del jinete.

• *Dar cuerda con riendas de atar.* Éstas se sujetan al cinchuelo o bien a la montura, a media altura del costado del caballo (figura 20). Para evitar que se bajen, es conveniente que el cinchuelo tenga anillas. Antes de fijarlas al filete, las riendas de atar se dejan lo más largas posible y de igual longitud, se cruzan sobre la cruz y se ajustan a las anillas de la montura o del cinchuelo. Ahora se puede dar cuerda al caballo durante unos minutos a ambas manos para flexionar y relajar.

A continuación se desenganchan las riendas de atar. La mayoría de domadores las une directamente al filete, pero otros recomiendan ponerlas a las anillas laterales del cabezón las primeras veces. Entonces se da cuerda al caballo con las riendas tan flojas que no pueda sentir su efecto.

Cuando trabaje con tranquilidad y ritmo (puede ser en esa misma sesión o dos o tres más tarde) se pueden acortar las riendas, pero asegurándose de que ambas siguen a la misma longitud.

Las riendas de atar deben ajustarse a tal medida que el caballo tome contacto con ellas cuando remeta su posterior, redondee el dorso y baje la nuca. El objetivo es que cuando el propio caballo haya tomado el contacto no lo tema, y que pronto empiece a buscarlo y tascar el filete suavemente.

Las riendas de atar no deben usarse para forzar la cabeza del caballo en una postura determinada, ni deben ajustarse tan cortas que la cabeza quede por detrás de la vertical (figura 20, derecha). El grado de equilibrio y la manera de moverse del caballo siempre deben determinar la longitud. También es peligroso para el caballo caminar mucho con las riendas atadas, ya que restringen el movimiento natural de la cabeza y le dificultan mantener el ritmo correcto del aire.

A medida que el equilibrio del caballo mejore podrá remeter más sus posteriores, su línea exterior se vuelve más corta y redonda y las riendas de atar quedan flojas. Éste es el momento de acortarlas, pero nunca tanto que el caballo se vuelva rígido y se resista contra ellas.

Algunos domadores sólo usan las riendas de atar por poco tiempo para familiarizar el caballo con el contacto del filete antes de montarlo. Prefieren dar libertad al caballo para encontrar su propio equilibrio, y para estirarse hacia adelante y hacia abajo. Así también se evita el peligro de que el caballo se resista al contacto hundiendo el dorso y levantando la cabeza (contra la mano) o encapotándose y quedando detrás de la mano.

Rectitud. Los potros no tienen rectitud (véase pág. 72) pero el trabajo a la cuerda con riendas de atar ayuda a mejorarla. Esto no se consigue acortando la rienda interior, que sólo haría sacar la grupa echando el peso sobre la espalda interior y creando la tendencia a querer incurvarse hacia el exterior y resistirse.

Si ambas riendas de atar se mantienen a la misma longitud y el caballo remete bien el posterior interior, lo cual debe hacer en un círculo, su peso será transferido diagonalmente hacia la espalda exterior. Para mantener este equilibrio, flexionará el cuello y la cabeza hacia el interior. La presión sobre la rienda exterior se aumenta y la boca insaliva de ese lado, por lo que la rienda interior queda más suelta.

Variaciones de aires. Se puede invitar al caballo a ampliar sus trancos y hacer un poco de trote medio. Esto se hace mejor sacándolo del círculo sobre una línea recta para después volver sobre el círculo en otro lugar, volviendo al trote de trabajo (figura 19).

El galope se introduce cuando el caballo sabe trotar con ritmo, con ganas de ir hacia adelante y moviéndose con el dorso flexible. La introducción del galope debe ser un proceso gradual y, al principio, sólo se pedirán unos trancos a ambas manos. Es aconsejable retirar las riendas de atar para las primeras lecciones a galope.

Es importante que el domador sepa reconocer cualquier falta en los aires (por ejemplo el galope en cuatro tiempos). Debe intentar mejorar los aires del caballo en todo momento y, para hacerlo, debe saber muy bien qué es lo correcto (véase el capítulo 5).

Montar. Un caballo que admite la montura con tranquilidad y acepta bien el filete al trote se puede empezar a montar, pero cuanto más tiempo se pasa a la cuerda, más fácil será para el jinete. No obstante, es aconsejable enseñar al caballo a aceptar el peso del jinete antes de que se ponga demasiado fuerte. Por ello, muchos domadores empiezan a montar mientras se continúa el entrenamiento a la cuerda: es decir, dar cuerda durante quince o veinte minutos antes de montarlo, o alternar días de monta y de cuerda.

DAR CUERDA SOBRE OBSTÁCULOS

Dar cuerda sobre barras. Ayuda a dar variedad al trabajo y estimular el potro a bajar la cabeza, redondear el dorso y flexionar las articulaciones.

Nunca deben usarse riendas de atar para este trabajo ni en ningún tipo de salto.

Primero se lleva el caballo sobre la barra y, si sigue tranquilo, se le da cuerda al paso y trote en un círculo cerca de la barra. Cuando esté relajado, se le puede hacer salir del círculo y pasar sobre la barra.

Fig. 21. Un obstáculo bien construido para saltar a la cuerda.

Para dar cuerda sobre obstáculos el domador debe asegurarse de:

• Presentar el caballo recto ante la barra y no en un ángulo agudo que le invitaría a escaparse. Esto significa que el entrenador debe moverse en ángulos rectos hacia la barra y el caballo deja de trazar un círculo (figura 19).

• Dar toda la libertad posible al caballo cuando pasa sobre la barra, y que la cuerda no le impida bajar la cabeza y estirar el cuello.

• Estimular al caballo por detrás. El entrenador jamás debe quedar por adelante del caballo.

• Hacer el trabajo por igual a ambas manos.

• Permitir que el caballo siga varios trancos rectos después de pasar la barra y no tirar de él en seguida para volverlo sobre el círculo.

Cuando el caballo sepa pasar relajadamente una barra al paso y al trote a ambas manos el ejercicio se puede ampliar. Se pueden repartir barras por la pista o poner una serie, ya sea en línea recta o sobre el círculo. Deben estar a una distancia de 1,20 a 1,30 m entre sí (véase pág. 104). Es importante que se mantengan a la misma distancia, y si el caballo ha desplazado una de ellas, no se debe hacer pasar el caballo de nuevo antes de corregir la barra. Las barras pesadas se desplazan menos.

Dar cuerda sobre barras elevadas. Cuando el caballo sepa trotar relajadamente sobre barras en el suelo, manteniendo su ritmo y bajando la cabeza, se pueden introducir las barras levantadas. Se usan las mismas técnicas que para las barras en el suelo (es decir dirigir el caballo sobre ellas, empezando con una aislada y progresando en series).

Dar cuerda sobre un salto. Lo idóneo es que los reparos sean bajos. Se pondrá otra barra apoyada sobre el reparo interior para evitar que el caballo se venga hacia dentro (figura 21). Con la barra en el suelo se pasa el caballo sobre el salto.

Después se le da cuerda al caballo sobre el salto, pero con la barra todavía en el suelo. Cuando el caballo pasa con tranquilidad y sin precipitarse, se puede levantar el extremo de la barra que se halla más cerca del entrenador. Cuando el caballo trota bien sobre la misma, se puede añadir otra barra y hacer una cruzada, tras lo cual se podrá poner una barra recta encima y, más tarde, una cuarta para hacer un oxer.

Es importante que el salto sea divertido para el caballo de modo que el progreso debe ser gradual. No se le debe exigir demasiado, ni alargar las sesiones más de la cuenta.

TRABAJO MÁS AVANZADO A LA CUERDA

Los objetivos principales del trabajo a la cuerda con caballos puestos son los siguientes:

• Como medio para lograr soltura en caballos que durante el calentamiento muestran rigidez por el peso del jinete.

• Como ayuda visual para el entrenador, que puede observar desde el suelo si el caballo tiene rectitud, suficiente impulsión y flexibilidad y unos aires correctos.

• Como ayuda a la reunión en el trote y galope. El caballo se puede llevar gradualmente sobre círculos cada vez más pequeños (pero nunca tanto que pierda el ritmo o el movimiento del dorso), mientras el entrenador mantiene la máxima impulsión posible. Manteniendo esta reunión, se deja volver el caballo sobre el círculo más grande.

• Como ayuda para alargar el trote. El caballo es inducido a un trote reunido y después se saca del círculo sobre la línea recta, del mismo modo que se pidió el trote medio en *Variaciones de los aires* en la página 58.

• Para enseñar el piaffer (y muy ocasionalmente el passage) de la mano. Este trabajo se realiza en línea recta y se detalla en las páginas 95 a 97.

7

Entrenamiento inicial del caballo

INTRODUCCIÓN

En estado natural, la defensa instintiva del caballo es la huida, y sólo lucha si se le provoca. El objetivo de su enseñanza básica es hacerle perder el miedo, ganar su confianza y obediencia y convertir su instinto de huida en voluntad para ir hacia adelante en todo momento.

Los esfuerzos para lograr esto deben comenzar desde el nacimiento del potro y, si tienen éxito en las fases iniciales, facilitarán mucho la doma posterior del caballo.

MANEJO INICIAL

El potro debe manejarse desde su nacimiento de modo que aprenda a confiar y respetar a las personas y no temerlas. En sus primeros años de vida, antes de ser montado, se le debe enseñar progresivamente a:

• Dejarse llevar de la mano.
• Llevar la cabezada de cuadra y estar atado.
• Dejarse cepillar y levantar los pies para limpiar y recortar.
• Aceptar las diferentes partes del equipo necesarias para su posterior doma y monta.
• Familiarizarse y no temer variedad de cosas y sonidos.
• Obedecer a las órdenes básicas como "paso" y "hoo".

ENTRENAMIENTO INICIAL

Cuando el caballo tenga tres o cuatro años de edad estará suficientemente desarrollado —física y mentalmente— para empezar el entrenamiento progresivo, empezar a montarlo y aprender las ayudas.

Fases del entrenamiento:

1. Llevar de la mano.
2. Dar cuerda.
3. Enseñarle a aceptar el peso del jinete en su dorso.
4. Monta de la mano y a la cuerda.
5. Monta controlada por el jinete.

La *alimentación* durante estas fases debe controlarse cuidadosamente. Un potro que toma mucha avena estará demasiado fuerte para comprender y obedecer. Es vital mantenerlo sensibilizado, lo cual generalmente significa limitar su alimentación (salvo cuando sea holgazán y/o débil) y dejarlo pastar siempre que sea posible.

La duración del entrenamiento varía de caballo a caballo, y depende en gran parte de su temperamento, la dedicación y el éxito de su primer manejo, así como la habilidad del domador.

Como guía global, y suponiendo que el primer manejo del potro haya sido satisfactorio, un domador profesional normalmente necesita de cuatro a seis semanas para poder llevar, dar cuerda, subirse y empezar a montar tranquilamente un potro. Esto se refiere a un centro donde el coste, y por tanto el tiempo, suele ser un factor importante.

Es esencial que la doma no sea precipitada. Nunca se debe exigir más del caballo de lo que su condición física o temperamento pueda abarcar. Para toda persona que desea domar su propio caballo, es aconsejable tomar mucho más tiempo para este trabajo inicial. Un trabajo continuado a la cuerda dará sus frutos más adelante y en esta fase se pueden dedicar hasta doce semanas.

EQUIPO (véase también páginas 53-54)

Se necesita el siguiente equipo:

- Un cabezón de dar cuerda.
- Una cabezada de filete.
- Cuerda de lona o nylon para dar cuerda.
- Cinchuelo y petral.
- Montura, con sudadero y petral.
- Riendas de atar.
- Protectores en las cuatro extremidades que deben llevarse para todo tipo de trabajo.
- Collar, si no se usa petral.

El domador necesita una tralla larga y siempre debe llevar guantes.

Ajustar el equipo. Las piezas deben introducirse una por una y dejar que el caballo vaya aceptando cada pieza nueva con calma y tranquilidad antes de introducir otra nueva.

Para fijar el cabezón. Éste debe quedar bien ajustado para evitar que se mueva. La cuerda larga normalmente se sujeta a la anilla central del cabezón.

Para fijar la cabezada. El filete debe ser de la medida de la boca del caballo, de modo que no quede demasiado estrecho y

pellizque, ni demasiado ancho, dejando la articulación demasiado baja en la boca. El filete debe ser grueso y de articulación simple. Algunos caballos se resisten a que se les ponga la cabezada, aunque se haga con sumo cuidado, y en tal caso se puede poner la cabezada como un collar con el filete solamente puesto a un montante y colgando. Entonces se puede introducir el filete suavemente en la boca del caballo, antes de ajustarlo al otro montante, de modo que las comisuras de los labios se arruguen ligeramente.

Si el filete queda demasiado bajo en la boca del caballo, le facilita a pasar la lengua por encima; si queda demasiado alto, será incómodo.

Para poner el cabezón sobre la cabezada de filete. Véase págs. 53-54.

Para fijar el cinchuelo. Hay que tener mucho cuidado al poner el cinchuelo por primera vez, y más tarde la montura, ya que muchos caballos se sienten muy restringidos por la cincha. Hace falta una persona para sujetar el caballo por la cabeza y para hacer arreglos en el lado exterior del caballo si no hay una tercera persona disponible. El domador se pone al lado interior del caballo y coloca el cinchuelo con cuidado, con el extremo de la hebilla doblado encima. Se ajusta el petral para evitar que el cinchuelo se vaya hacia atrás, antes de hacer bajar el extremo de la hebilla cuidadosamente, y pasarlo por debajo del caballo, para cerrar la cincha. Al principio se ajusta muy floja, pero si el caballo no se pone nervioso, se va ajustando gradualmente uno o dos agujeros a la vez. Es aconsejable hacer caminar el caballo unos pasos antes de volver a ajustar.

Para fijar la montura. Se sigue el mismo procedimiento que para fijar el cinchuelo, incluyendo la colocación del petral. Al principio es importante cinchar sólo lo justo

Fig. 22a. Uso de la fusta cuando el caballo no quiere avanzar.

para que la montura no pueda girar; si se cincha demasiado fuerte, el caballo podrá rebelarse contra la presión.

LLEVAR DE LA MANO

El potrillo. En la mayoría de los casos el potrillo aprende a entrar y salir del campo o de la cuadra junto a su madre. Para empezar, se le debe pasear dentro del box con un collar alrededor del cuello y la mano alrededor de su grupa. Es importante empujar más que tirar, ayudando a estimular el deseo de ir hacia adelante desde pequeño. Cuando haya comprendido esto, se le puede llevar con una cabezada de potro, pero siempre se debe mantener una mano sobre o alrededor de la grupa, y es esta mano la que se activa si se resiste. El potrillo pronto aprenderá que es inútil resistirse y ahora se le puede empezar a llevar fuera de la cuadra, siguiendo a su madre.

El potro. Si el caballo joven no ha tenido esta primera enseñanza, se le puede enseñar a dejarse llevar en el box, preferentemente grande, y es mejor no llevarlo fuera hasta que esté tranquilo y obedezca a ambas manos.

Un potro debe llevarse con una cuerda de unos tres metros, sujeta a la anilla central del cabezón. Cuando el caballo esté acostumbrado a la cabezada de filete se le puede poner una debajo del cabezón, pero la cuerda nunca debe sujetarse al filete ya que se le podría estropear la boca.

Ayuda. En las primeras fases, salvo si el potro ha aprendido a ser llevado desde pequeño, es aconsejable que el domador disponga de un ayudante que sigue detrás del caballo. Así puede enviar el caballo hacia adelante si intenta pararse o retroceder.

Técnica. El domador debe andar al lado, no por adelante, de la espalda izquierda del caballo, manteniendo la fusta en la mano izquierda, la cual debe tener la suficiente longitud para llegar a los posteriores. Si el caballo retrocede, o intenta parar, podrá usar su voz y la fusta detrás de su espalda (figura 22a). Normalmente la amenaza de la fusta es suficiente para que el caballo obedezca pero, si es necesario, puede aplicarse suavemente, y si no surte efecto, más fuerte.

El movimiento hacia adelante es de suma importancia en las primeras fases y de hecho en todas las etapas de la doma. No obstante, si el potro intenta precipitarse o correr demasiado, se pueden usar tirones rápidos con la cuerda, junto con la voz, para hacerle reducir o parar.

Cuando el caballo se deja llevar bien por el lado izquierdo, también hay que enseñarle a seguir por el derecho.

Antes de comenzar a la cuerda, el caballo debe obedecer las órdenes de "paso" y "hoo".

DAR CUERDA

Dar cuerda será una parte vital en la doma del potro, siempre y cuando se haga correctamente. El capítulo anterior describe en detalle la técnica de dar cuerda.

RIENDAS LARGAS

En el pasado, el trabajo con riendas largas se practicaba mucho como alternativa o suplemento de la cuerda, antes de empezar a montar un caballo. Aunque facilita un mayor nivel de doma, exige mucha habilidad y requiere un domador experimentado si no se quiere estropear al potro. Un entrenador novel no debe experimentar con riendas largas en un potro, sino que debe aprender primero la técnica bajo la supervisión de un experto, usando un caballo puesto como conejillo de Indias.

Las fases

1. El caballo es equipado igual que para dar cuerda, con cabezada de filete, cinchuelo y cabezón, al cual se fija la cuerda larga en la anilla central, y protectores. El domador lleva una tralla, y calienta el caballo a la cuerda como normalmente.

2. Mientras el entrenador sujeta la cuerda y se pone junto a la espalda interior del caballo, un ayudante coloca una segunda cuerda en la anilla lateral exterior del cabezón, la pasa por la anilla sobre el cinchuelo, y alrededor del exterior de los posteriores del caballo. Esto debe hacerse con mucho cuidado para que el caballo no se asuste al sentir la rienda. Con un caballo nervioso, algunas personas empiezan con la rienda desde la anilla del cinchuelo sobre el dorso del caballo, y desde allí proceden alrededor de los posteriores.

3. El entrenador recibe la segunda rienda (exterior), pero no la tensa hasta que el caballo esté tranquilo y relajado. Se le hace avanzar en un círculo alrededor del domador, igual que a la cuerda, y la rienda interior actúa como para dar cuerda normalmente.

4. La rienda interior se sujeta a la anilla lateral interior del cabezón y se lleva hacia atrás a través de la anilla del cinchuelo igual que la rienda exterior. En el trabajo se pone gradualmente más presión sobre la rienda exterior para desarrollar ésta como ayuda de control.

5. Se pide un cambio de dirección al caballo, al paso, y la antigua rienda exterior se convierte en interior.

6. Las riendas se sujetan al filete en vez de al cabezón.

7. Se le pide al caballo avanzar en línea recta y a pasar por las esquinas con el entrenador detrás de sí.

Ya sea sobre el círculo o en línea recta, al caballo se le puede pedir parar, avanzar y cambiar de aire.

El tiempo necesario para estas fases depende del temperamento del caballo y de su nivel de doma. El factor primordial es que el domador sólo intente la fase siguiente si el caballo va tranquilo en el trabajo más fácil. El uso de las riendas largas es de gran valor en el trabajo de doma avanzada, y es una herramienta útil para lograr la reunión y el trabajo en dos pistas.

MONTAR

Momento. El domador debe decidir cuándo ha llegado el momento en que el caballo está preparado para ser montado, de acuerdo con cada caso individual. Normalmente no se intenta hasta que el caballo esté relajado, obediente, y trabaja bien a la cuerda.

Si el trabajo preparatorio se ha hecho correctamente, el caballo deberá aceptar al jinete tranquilamente y confiado. En cambio, un caballo que reacciona violentamente cuando se empieza a subir, es casi seguro que no está bien preparado.

Equipo. Para montar por primera vez es mejor un lugar delimitado, como un picadero cubierto o un paddock pequeño. El caballo debe estar equipado con cabezada de filete bajo el cabezón, un petral y la montura, que la mayoría de entrenadores prefiere sin aciones ni estribos.

Asistencia. A ser posible, debe haber tres personas disponibles: el domador, que

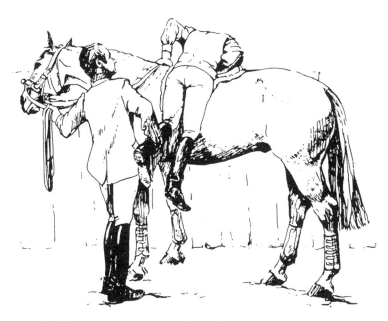

Fig. 22b. Ayudar a subir al jinete para apoyarse sobre la montura.

normalmente sujeta el caballo; un asistente, que ayuda al jinete a subir y bajar y a mantener su posición en la montura; y el jinete. No obstante, con un domador experimentado, puede hacerse —y muchas veces no hay más remedio— entre dos personas. El domador en tal caso ayuda al jinete a montar y sujeta al caballo.

Puede ser útil poner una bala de paja junto al caballo para que el jinete pueda subirse más fácilmente, y el caballo se acostumbra así a ver una persona por encima de él.

Las fases

1. Antes de comenzar, se debe dar cuerda al caballo para calentar. Cuando esté relajado y calmado, se le lleva de la rienda izquierda junto a una valla o pared, y se le para un metro antes. El domador se coloca al lado del caballo, junto a la cabeza, sujetándolo con la cuerda del cabezón. El jinete, también al lado izquierdo, coge la montura, la golpea, la mueve suavemente, sal-

ta varias veces estando junto al caballo y después repite esto con una mano sobre el borrén adelantero y otra sobre el trasero. Después se repite todo el procedimiento por el lado exterior.

2. Si el caballo sigue tranquilo, el domador, o el ayudante si lo tiene, sujeta una pierna al jinete de modo que éste puede apoyarse sobre la montura (figura 22b). Después se repite este ejercicio por el lado exterior. Si el caballo se pone nervioso, el domador debe calmarlo y el jinete puede deslizarse suavemente al suelo. Siempre que sea posible, mientras el jinete cuelga sobre la montura, le da palmadas al otro lado del caballo. Para el primer día esto será suficiente.

3. Cuando el potro acepta al jinete colgando sobre la montura desde ambos lados, se le puede hacer avanzar unos pasos —pero esta posición es cansada para el jinete y no se puede mantener mucho rato.

4. Ahora el jinete puede empezar a moverse un poco en la montura, tanto en la

parada como dando unos pasos hacia adelante. También puede levantar la cabeza y los hombros.

5. Cuando el caballo se vuelva confiado el jinete puede pasar la pierna sobre la montura, procurando no tocar la grupa, y sentarse. El jinete todavía mantiene el cuerpo bajo, junto al cuello del caballo. Esto se hará parado, y si el caballo sigue tranquilo, se puede avanzar unos pasos. Entonces el jinete puede elevar su cuerpo poco a poco, de modo que el caballo se acostumbre al jinete sentado erguido.

En todo momento el jinete y el domador deben reaccionar rápidamente premiando al caballo cuando se comporta bien, con la voz y palmadas en el cuello. Las golosinas deben evitarse, excepto como premio después de la lección.

MONTAR DE LA MANO Y A LA CUERDA

Cuando se monta por primera vez, el caballo es llevado de la mano poco a poco, con el jinete sentado, erguido pero relajado. El control está en manos de la persona que lleva el caballo, quien puede alargar la cuerda y alejarse hasta que el caballo esté sobre el círculo para dar cuerda.

Cuando el caballo camina en el círculo tranquilamente, se le puede pedir trote: primero de la mano y luego a la cuerda. El jinete empieza a trote sentado pesando lo mínimo sobre los isquiones, pero hace trote levantado tan pronto sea posible sin que el caballo se alarme al levantarse de la montura.

Equipo. Los estribos se usan a voluntad del jinete; algunos prefieren usarlos desde el comienzo, aunque con precaución, ya que pueden interferir y asustar al caballo al golpear sus costados. El collar o el petral deberían usarse siempre; pueden ser usados por el jinete para asegurar su posición sin interferir en la boca del caballo. Las riendas deben ponerse al filete desde el principio, pero sólo usarlas en caso de emergencia. Nunca se deben usar riendas de atar.

Introducir las ayudas. Si el caballo sigue tranquilo llevado de la mano por la pista con el jinete encima, se pueden empezar a introducir las ayudas. El domador, manteniendo la cuerda con soltura, debe estimular al caballo a caminar y parar, al principio obedeciendo a su voz, y luego a la del jinete. Entonces, el jinete puede empezar a introducir las ayudas de las riendas y de las piernas en conjunto con su voz. Debe llevar una fusta de doma para reforzar las ayudas de las piernas si es necesario (pero con sumo cuidado).

CONTROL POR EL JINETE

Cuando el caballo haga paso, trote y parada con tranquilidad a las ayudas del jinete, se puede retirar la cuerda. Para asegurar un cambio fluido tras quitar la cuerda, el entrenador sigue caminando al lado del caballo, aunque dejando el control al jinete, antes de retirarse poco a poco.

El jinete debe concentrarse en hacer avanzar al caballo tranquilamente con sus ayudas, incluyendo la voz. Cuando quiera girar, deberá confiar en el uso de las riendas únicamente, abriendo una mano hacia el lado deseado, pero sin tirar hacia atrás y siempre montando el caballo hacia adelante.

Unas órdenes tranquilas y claras, y un manejo firme pero suave debe producir resultados; el caballo deberá obedecer a las ayudas simples para el paso y el trote.

Galope. No hay que tener prisa para enseñar al caballo a galopar con el jinete encima. Si se empieza demasiado pronto el potro se excita y puede perder su equilibrio, hasta el extremo de perder la secuencia y la amplitud de los trancos.

Para empezar, el galope sólo se pide en

línea recta. En las esquinas hay que dejar que el caballo vuelva a caer al trote, hasta que a fuerza de repetición mejore su equilibrio y comprenda lo que se le pide. El jinete se limita a mantener su posición correcta y estimular al caballo hasta que más adelante se puedan iniciar lecciones más serias de galope.

A menudo el galope resulta más fácil al potro si el jinete adopta el asiento para salto (página 18).

Quedarse parado para subir. Por seguridad y disciplina es esencial que el caballo permanezca inmóvil cuando el jinete se sube, tanto si se sirve del estribo como si le ayudan a subir sin ellos.

El ayudante debe sujetar la cabeza del caballo para asegurarse de que no se mueva cuando se ayuda a subir al jinete, o aprenda a aceptar que monte el jinete con un pie en el estribo. Las primeras lecciones se harán mejor al final de la sesión, de modo que el caballo está relajado e incluso algo cansado.

Tan pronto como el caballo acepte bien que monte el jinete de esta manera se pueden empezar a usar los estribos al comienzo de la sesión, primero con un ayudante sujetando la cabeza y, al cabo de unos días, sin ayudante. Entonces el jinete debe mantener el caballo inmóvil con ayuda de la voz, y si es necesario, las riendas.

Aceptar objetos extraños. Una parte esencial de la doma del potro es hacerle perder el miedo ante objetos y sonidos extraños. Incluso de potrillo, se pueden poner barras de colores en la entrada de su campo, y hacerle pasar éstas siguiendo a su madre. También es una ventaja soltarlo en un campo desde el cual se pueda ver y oír el tráfico.

Tráfico. Los vehículos motorizados son un problema serio hoy en día y hay que prestar mucha atención a acostumbrar al potro a ellos y que se quede tranquilo. Es importante tomar toda precaución para que no se asuste de tractores o coches. Al salir al campo, las primeras veces es aconsejable ir con uno o dos caballos puestos que sirvan de ejemplo y le den confianza. Al principio, hay que mantener el caballo adulto entre el potro y el tráfico, y si sigue tranquilo, el caballo más viejo puede ponerse delante, y más adelante detrás.

Asustarse. Si un caballo se asusta ante un objeto no se le debe pegar ni forzar a acercarse, sino dejar que lo pase a una distancia que él mismo considere segura con la cabeza girada en dirección contraria al objeto. Si cada vez que pasa el objeto temible, el jinete consigue hacerle pasar un poco más cerca sin forzar, el caballo a la larga perderá su miedo y podrá pasar sin asustarse. De este modo se evita toda pelea y es más probable que se haya curado definitivamente.

RESUMEN

Cuando el potro sepa hacer paso, trote y galope con tranquilidad y controlado por su jinete, y lleve haciendo ejercicio montado regularmente durante dos o tres meses, deberá tener ya suficiente confianza y condición física para pasar a la siguiente fase de la doma. Ésta se describe en el capítulo 8, "Entrenamiento básico del caballo".

8

Entrenamiento básico del caballo

INTRODUCCIÓN

Un caballo que haya completado la doma básica descrita en el capítulo 7 "Entrenamiento inicial del caballo", debe moverse libremente hacia adelante, con calma y las riendas relativamente largas a los tres aires. El entrenamiento en este capítulo ayudará a desarrollar al caballo mental y físicamente, aumentando sus habilidades naturales de modo que se convierta en una montura agradable, y a prepararlo para las competiciones. El entrenamiento hace que mejoren las prestaciones de cualquier tipo de caballo.

Entrenamiento básico del caballo

- Estimula el deseo de ir adelante.
- Desarrolla las habilidades naturales.
- Fortalece su físico.
- Le hace más flexible y atleta.
- Aumenta su resistencia.
- Proporciona más control al jinete.

PRINCIPIOS GENERALES

Los siguientes principios son importantes:

- *No tener prisa.* La doma requiere tiempo, esfuerzo y paciencia. Hay que evitar el querer acabar antes, por ejemplo con ayudas artificiales, ya que ello sólo provoca resistencias y crea su propia problemática.
- *Avanzar progresivamente.* La doma no se puede adaptar a una escala de tiempo; todo depende del progreso que se vaya haciendo. La rapidez del progreso varía según las habilidades y el temperamento del caballo y del jinete. Aunque el jinete planifica un programa de entrenamiento progresivo, debe tener suficiente flexibilidad para adaptarse a las características individuales del caballo a domar.

- *Premio y castigo.* El sistema que se describe a continuación utiliza el premio y castigo, pero jamás la fuerza, para enseñar la aceptación de las ayudas y la obediencia al jinete. Los premios o castigos dependen del carácter del caballo. Los caballos de sangre caliente y temperamentales generalmente necesitan más premios que los linfáticos, que ocasionalmente pueden necesitar una reprimenda. El domador debe analizar el carácter de su caballo y aplicar la disciplina adecuada. En todos los casos se recomienda la persuasión, que es más eficaz que la coacción. Un caballo con miedo está demasiado tenso para aprender. El objetivo debe ser la cooperación con buena voluntad, lograda con métodos racionales y tacto, pero al mismo tiempo nunca debe haber duda sobre quién manda; si se pierde la autoridad y el respeto, la doma deja de existir.

EL DOMADOR/JINETE

Ya que el jinete es quien doma al caballo, este capítulo asume que el domador es el jinete.

Cualidades de un buen domador

• Facilidad para hacer que el caballo comprenda. Si el caballo no obedece, el domador debe considerar si se han entendido sus instrucciones. Antes de culpar al caballo debe examinar sus ayudas y métodos.

Nota. Si el domador ha desarrollado una buena posición básica, las ayudas se pueden dar con más claridad.

• Entendimiento de la naturaleza del caballo y facilidad para adaptar su manejo según el temperamento y las características individuales del caballo que está domando.
• Paciencia y persistencia.
• No perder los nervios jamás.
• Mantener un aire de autoridad calmada con el caballo; asegurarse de que todos los movimientos sean calmados y deliberados.
• Tolerancia con temperamentos alegres y juguetones en los potros, pero firmeza ante la desobediencia deliberada.
• Buen sentido del ritmo.
• Suficiente conocimiento equino como para asegurar que el caballo esté bien cuidado y alimentado correctamente.

EQUIPO

Éste debe incluir:

• Una cabezada de filete con muserola normal, baja o cruzada.
• Una fusta de doma larga, que puede usarse para reforzar las ayudas de las piernas.
• Protectores para las cuatro extremidades.
• Una pista delimitada, preferentemente de buen suelo para el trabajo en llano.

OBJETIVOS DE LA DOMA

Los siguientes objetivos son la base de todo entrenamiento. Es difícil ponerlos por orden de prioridad ya que están interrelacionados, y la mejora de unos, depende de e influye sobre otros. Además, los sistemas para lograrlos coinciden y se trabajará simultáneamente en varios. Como cada caballo tiene diferentes puntos fuertes y débiles, la importancia de trabajar sobre un objetivo determinado varía.

Estos objetivos son:

1. Impulsión controlada hacia adelante.
2. Ritmo y equilibrio.
3. Flexibilidad.
4. Rectitud.
5. Aceptación del filete.
6. Sumisión.
7. Desarrollo de los aires.

IMPULSIÓN CONTROLADA HACIA ADELANTE

"La impulsión es la tendencia a moverse hacia adelante con elasticidad, procedente de los posteriores, fluyendo a través de un dorso flexible, y terminando en la boca" (Coronel Handler). Es la energía contenida, creada por la actividad de los posteriores, inmediatamente disponible a petición del jinete. La consiguiente voluntad y facilidad del caballo para ir hacia adelante, es la base de todo trabajo. Si se pierde la impulsión, debe crearse de nuevo antes de intentar otros movimientos.

Nota. *Impulsión no equivale a velocidad.* Un caballo con impulsión debe poder realizar un ritmo más lento en sus aires.

Para desarrollar la impulsión. El primer paso es lograr la base de la impulsión —el deseo de ir hacia adelante—. Hasta que el caballo no vaya hacia adelante con las ayudas, será difícil controlarlo (un caballo que va "de caña" no se puede dirigir y uno linfático y lento sólo con dificultad).

Por ello hay que lograr que el caballo responda a la pierna —debe estar por delante de la pierna—. Si es necesario, las ayudas pueden reforzarse con la voz y toques con la fusta. A medida que la doma progresa y el caballo gana ritmo y equilibrio, se puede crear más energía hacia adelante y puede entrar en acción la ayuda del asiento. Esta energía hacia adelante, en vez de producir más velocidad, en parte puede retenerse dentro del caballo (impulsión). Las ayudas para ir hacia adelante, en vez de hacer avanzar al caballo simplemente, pueden lograr —si la mano del jinete restringe pero cede— que los posteriores del caballo se remetan y se vuelvan más activos. Esto dará la fuerza al caballo para avanzar tan pronto se le pida.

Al crear esta impulsión hacia adelante es importante que el caballo no llegue a asociarla con la velocidad. Nunca se le debe pedir avanzar tanto que empiece a perder equilibrio y a correr, ni se debe crear tanta impulsión que el jinete no la pueda controlar, ya que entonces se tiende a tirar de las riendas, lo cual destruye la impulsión y crea resistencia.

RITMO Y EQUILIBRIO

El ritmo es la sucesión regular de un intervalo de tiempo determinado entre una pisada y la siguiente en cualquiera de los aires. Cada aire tiene su propio ritmo. El paso es de cuatro tiempos (1-2-3-4), el trote es de dos tiempos (1-2, 1-2) y el galope de tres tiempos (1-2-3).

Nota. Hay que distinguir el tiempo del ritmo. Es la velocidad del ritmo: el tiempo que ocupa una secuencia de las pisadas. Se habla de cadencia cuando un aire tiene un ritmo pronunciado (véase *Mejorar los Aires,* página 76).

Importancia del ritmo. Como en tantas otras esferas de actividad (atletismo, ballet, etcétera) el ritmo es vital para aprovechar al máximo las habilidades. Cuando un caballo tiene ritmo, tendrá equilibrio, y le será más fácil permanecer tranquilo y relajado.

Muchos domadores consideran que el ritmo es el objetivo primario más claro y más fácil. Cuando se haya logrado, el caballo debe estar equilibrado, tranquilo y relajado.

Para desarrollar el ritmo. El objetivo es conseguir que un caballo mantenga el ritmo de un aire determinado en línea recta, en círculos y esquinas. Para hacerlo debe estar equilibrado.

Cuando un caballo se mueve en libertad en el campo tiene su equilibrio natural, pero cuando se le empieza a montar, el peso del jinete le hace caer sobre sus anteriores. Si mantiene su equilibrio natural, esto le hará difícil mantener un ritmo. Los posteriores tenderán a empujar el peso en vez de levantarlo, con lo cual los aires resultarán lisos, pesados e irregulares. Para estar equilibrado, con ritmo, llevando a un jinete, el caballo debe remeter sus posteriores, meterlos más por debajo de su masa y del jinete. Para conseguirlo, el jinete aplica breves pero repetidas ayudas con las piernas, y más adelante con el asiento, pidiendo al caballo que avance hacia adelante, hacia una mano que restringe y cede (medias paradas). Al mismo tiempo el jinete debe pensar en el ritmo del aire.

FLEXIBILIDAD

Un caballo debe estar flexible para ser una montura cómoda y para emplear mejor su físico. El objetivo es una flexibilidad que permita la coordinación relajada de cada músculo y articulación. La tensión es la mayor restricción de ese objetivo, ya sea causada por excitación, miedo o resistencia; no sólo reduce la concentración, sino que además inhibe la libertad de movimiento. Para estar flexible, el caballo debe estar tranquilo y relajado. La zona que se tensa más comúnmente es el dorso —ya que el caballo por naturaleza tiende a ponerse rígido bajo el peso del jinete—. Esto dificulta que el jinete pueda sentarse en la montura, aplicar las ayudas con el asiento, sentir la acción del caballo y transmitir las ayudas (véase Sumisión, pág. 75).

La musculatura dorsal del caballo debe estar flexible y debe balancearse, de modo que los músculos detrás de la montura se muevan al unísono con las extremidades del caballo para proporcionar una conexión elástica y, de este modo, coordinar los posteriores con los anteriores. Al paso, trote sentado y galope, el jinete debe tener suficiente flexibilidad para no impedir el movimiento horizontal y vertical del dorso del caballo (véanse páginas 17-18).

Para desarrollar la flexibilidad. Se debe flexibilizar al caballo tanto lateral como longitudinalmente.

Para flexibilizarlo lateralmente debe aprender a incurvarse alrededor de la pierna interior del jinete. Esto se logra al trabajar en círculos, giros y serpentinas y, más adelante, con el trabajo en dos pistas, particularmente la espalda adentro. No se le debe permitir pesar sobre la rienda interior y hay que estimularlo a remeter el posterior interior. Se debe vigilar que el grado de incurvación sea el mismo a ambas manos.

Flexibilización longitudinal significa que:
• Remete los posteriores más debajo del cuerpo.
• Aprende a elevar y balancear el dorso.
• Redondea más su línea superior al alar-

gar la musculatura a lo largo de su dorso y cuello.

Esto se consigue más fácilmente trabajando en círculos grandes. El caballo es montado desde la pierna interior hacia la rienda exterior, y con medias paradas se le invita a trabajar más redondo. El caballo debe empezar pronto a bajar la cabeza, avanzando hacia la mano, mientras que el jinete estimula un mayor remetimiento de los posteriores. El jinete debe permitir esta inclinación a bajar y no restringir el movimiento de los músculos dorsales con su asiento ni quedarse bloqueado con las manos.

Se debe mantener el ritmo y la impulsión, ya que en caso contrario el caballo caerá sobre su tercio anterior y se habrá perdido todo el objetivo del ejercicio.

Otros ejercicios importantes para flexibilizar son: transiciones frecuentes pero bien hechas, estimular el deseo de ir hacia adelante, el empleo de barras de tranqueo y saltos pequeños y, más adelante, el trabajo en dos pistas.

RECTITUD

El caballo está recto cuando los posteriores siguen las huellas de los anteriores, lo cual significa que en líneas rectas estará recto y en las líneas curvas ligeramente incurvado sobre el trazado, desde la nariz hasta la cola. No debe haber más flexión en el cuello que en el resto del cuerpo.

Para lograr la rectitud del caballo. El caballo sin domar rara vez tiene rectitud y el jinete notará que aceptará el contacto de las riendas más fácilmente de un lado que de otro. El posterior flexiona más de ese lado y no seguirá exactamente la huella del anterior correspondiente. Por ello, la musculatura más corta de ese lado debe alar-

Fig. 23. El caballo bascula sobre unas paralelas.

garse gradualmente para evitar tensión y estrés. Forzar el cuello a flexionar produce tensión, resistencia y levantar la cabeza. Es importante evitar la mera concentración sobre el tercio anterior, ya que el posterior que se deja ligeramente fuera debe ser estimulado a venir hacia adelante y debajo del cuerpo.

Es difícil hacer un caballo verdaderamente recto hasta que esté capacitado para realizar el mejor de los ejercicios para enderezar —la espalda adentro—. Además, en esa fase los posteriores estarán mas remetidos y las espaldas son más fáciles de controlar: por ello no se debe poner demasiado énfasis en enderezar a un potro. El siguiente trabajo preliminar resulta excelente.

Si el caballo está rígido del lado derecho y flexible del izquierdo, incurvará todo su cuerpo ligeramente alrededor de la pierna izquierda del jinete y puede tender a flexionar el cuello demasiado de ese lado, soltando la rienda. Con un caballo así el domador comienza las sesiones de monta a mano izquierda (que es mas fácil para el caballo) y primero se concentra en evitar demasiada flexión del cuello hacia la izquierda. Se mantiene el contacto con la rienda izquierda, mientras la rienda derecha toma y cede con movimientos breves y suaves para reducir el exceso de flexión. Al mismo tiempo el domador usa sus piernas (y asiento) para empujar el caballo hacia adelante y hacia la mano para obtener un contacto igualado y momentáneamente más fuerte. (Un caballo muy verde rara vez tomará suficiente contacto para hacerlo.) Es importante —como en todo trabajo— recordar ante todo las ayudas de piernas y asiento y mantener el deseo de ir hacia adelante durante estos ejercicios para enderezar. Un exceso de riendas conlleva la resistencia del caballo y éste se quedará detrás de las ayudas.

Tras varias vueltas al picadero el jinete debe cambiar la flexión y repetir lo mismo de la mano más difícil para el caballo. A esta mano el jinete pide más flexión, montando desde la pierna interior hacia la rienda exterior, tomando y cediendo con la rienda interior. Se debe hacer el mismo trabajo a ambas manos.

Nota. El jinete debe notar poco a poco un contacto más igualado sobre ambas riendas y tener menos dificultad en corregir la flexión del cuello, pero es un proceso lento, ya que la musculatura del caballo debe desarrollarse para poder enderezar. Las ayudas para corregir la rigidez del lado izquierdo deben ser al revés de lo explicado.

El problema de la rigidez unilateral se encuentra en la mayoría de caballos. A veces el contacto sobre ambas riendas puede ser el mismo, y aun así se puede notar una ligera rigidez en un lado.

ACEPTACIÓN DEL FILETE

El caballo acepta el filete cuando mantiene un contacto ligero y elástico con la mano del jinete sin resistencia y con sumisión en todo el cuerpo. Para saltar, salir al campo, o en las primeras fases de la doma, puede tomar el filete sin estar todavía "en la mano".

El caballo está en la mano cuando:
• Los corvejones están flexionados.
• El cuello, en menor o mayor grado, elevado y arqueado, de acuerdo con el nivel de doma y la extensión o reunión del aire.
• Acepta el filete sin resistencia, con un contacto suave y ligero, la mandíbula relajada, con sumisión.
• La cabeza permanece fija y, como regla general, ligeramente por delante de la vertical.
• La nuca, flexible, es el punto más alto del cuello.

El contacto con las riendas no debe ser

duro y sólido, ni tan ligero que sea como llevar un hilo. Un contacto correcto significa una suave tensión consistente y elástica, que viene de la tendencia hacia adelante propulsada por los posteriores, pasando por un dorso relajado y flexible, por el cuello y hacia la boca, donde es aceptado por igual a ambos lados. Tal contacto sólo es posible cuando el caballo está en equilibrio, llevándose a sí mismo y no pesando sobre las riendas. Por ello el equilibrio y el contacto son complementarios —cuanto mejor sea el equilibrio, mejor será el contacto y viceversa.

Para aceptar el filete, el caballo debe estar:

• *Trabajado* de modo que desarrolle una continua voluntad y habilidad para ir hacia adelante (impulsión).
• *Entrenado* de modo que tenga rectitud y acepte el mismo contacto en ambos lados de la boca.
• *Estimulado* a "buscar el filete" desde las primeras fases de su doma.

El domador debe tomar, tan pronto como sea posible, un contacto ligero pero positivo y constante con ambas riendas. Al mantener el caballo tranquilo y con ritmo, usan-

do la pierna que "pide" y la mano que "cede", pero sin perder el contacto, el jinete pronto debe inducir el caballo a avanzar hacia el filete. Se puede dejar que el caballo lleve la cabeza en una posición natural, mientras el jinete sigue la boca para mantener un ligero contacto, con una tensión hacia adelante, no tirante, de las riendas. El jinete de hecho debe decir: "ésta es mi mano y debes aceptarla", de modo que el caballo encuentre la mano aceptable y no vea la necesidad de resistirse contra ella.

El caballo usa la cabeza y el cuello para su equilibrio, de modo que el jinete jamás debe usar las riendas para colocar la cabeza en una posición determinada. El caballo llevará la cabeza de acuerdo con su conformación, el nivel de doma alcanzado, la flexibilidad de todas sus articulaciones y la actividad de sus posteriores.

Si el caballo tira de las riendas en un esfuerzo para correr más, el jinete debe emplear las transiciones decrecientes y repetidas acciones de tomar y ceder con las riendas para hacerle aceptar un contacto más ligero con equilibrio y ritmo.

Si el caballo va contra la mano (figura 24), levanta la cabeza demasiado, está muy por adelante de la vertical y hunde el dorso. A este tipo de caballo hay que imponerle ejercicios para desarrollar un dorso más fuerte y redondo (véase *Para desarrollar la flexibilidad,* pág. 72). Normalmente se le trabaja mejor a trote levantado y, en casos graves, al paso. El contacto con la boca debe ser particularmente suave, el jinete debe intentar sentir con la mano, estimular el caballo a doblar la nuca, relajar la mandíbula y dejar de resistirse a la mano. Hay que montar el caballo hacia adelante hacia el contacto con la mano y hacerle remeter los posteriores, con lo cual redondea-

Fig. 24. El caballo va contra la mano.

Fig. 25. El caballo está detrás de la mano.

rá el dorso y bajará la cabeza. Esto es sobre todo eficaz trabajando en el círculo, cuando el jinete pueda montar positivamente hacia la rienda exterior, pidiendo intermitentemente con la rienda interior abierta más flexión y cediendo tan pronto haya sumisión a la rienda exterior. No se deben usar las riendas para bajar la cabeza, ya que esto bloquea el remetimiento de los posteriores y crea resistencia.

Si el caballo va detrás de la mano (figura 25), no acepta el contacto de la mano, se queda detrás de la vertical y la nuca deja de ser el punto más alto del cuello. Esto puede ser debido a unas manos demasiado duras, o piernas y asiento demasiado débiles para empujar el caballo hacia la mano, o por intentar reunir el caballo sin la suficiente impulsión. Otras causas pueden ser una doma inicial inadecuada, contacto no consistente de las manos, o problemas en la dentadura. Tras haber examinado los dientes, se corrige montando el caballo hacia adelante hacia un contacto positivo, y con un sentimiento de ir hacia adelante en las riendas.

Durante su entrenamiento, muchos caballos se quedan a veces detrás de la vertical. Esto no es una falta grave mientras el caballo baje la cabeza sin intentar eludir el contacto y lo mantenga ligero, elástico y consistente con la mano. Sin embargo, esta tendencia se convierte en un problema serio si se deja persistir mucho tiempo.

Si el caballo se encapota la nuca deja de ser el punto más alto del cuello y la cabeza queda por detrás de la vertical, pero en este caso el caballo toma demasiado contacto y lleva la barbada hacia su pecho. Por una doma incorrecta puede haber aprendido a tirar, posiblemente debido a unas manos demasiado duras que no cedían. Hay que estimular al caballo a avanzar hacia la mano y puede ser necesario trabajarlo con un contacto mucho más ligero.

SUMISIÓN

El jinete gradualmente aumenta su control sobre el caballo para hacerle mentalmente dispuesto y físicamente capaz de obedecer. El objetivo es un caballo que está "en las ayudas", es decir que acepta las ayudas de manera relajada y con sumisión, sin resistencia al deseo del jinete. Sumisión no significa un caballo doblegado, sino el establecimiento de una armonía entre caballo y jinete.

El caballo debe aprender a aceptar las ayudas de las piernas sin tensión, del asiento sin ponerse rígido, de las riendas sin resistencia. Para que estas ayudas sean eficaces y su coordinación posible, deben ir "a través" del caballo: es decir, los posteriores del caballo, su dorso, cuello y boca se coordinan y se conectan mediante un circuito de tipo elástico de modo que las ayudas aplicadas en una de las zonas se sentirá en todas las demás. Si se bloquea esta conexión firme y elástica en algún punto por rigidez, tensión o resistencia (es decir, no hay sumisión en el cuerpo entero), las ayudas no pasarán "a través" y no se pueden combinar con armonía. Esto también afectará al movimiento del caballo que no será el mejor, y cualquier reunión tenderá a reducir la marcha en vez de acortar y elevar los trancos.

Para desarrollar la sumisión. Para lograr la sumisión mental el jinete debe establecer una relación con el caballo y debe haber comunicación. Para hacerlo, el jinete debe:

• Comprender su caballo —analizar su carácter, ser consciente de sus puntos fuertes y débiles físicamente.
• Darle todas las oportunidades para que el caballo le entienda: es decir, saber pedir claramente, aplicar las ayudas con eficacia. Para lograr esto se deben estudiar a fondo los capítulos 3 y 4.

Para llegar a la sumisión física el caballo debe desarrollar impulsión, ritmo (y equilibrio), flexibilidad, rectitud y aceptar el filete, de modo que le sea más fácil trabajar "con" y no "para" su jinete.

MEJORAR LOS AIRES

Los aires deben mejorar a medida que se desarrollan los objetivos arriba mencionados. Es importante que el jinete tenga una idea clara de lo que es correcto (capítulo 5). Entonces puede prevenir que ocurran fallos, corregir los que hayan surgido y tratar de mejorar los aires naturales. Al trote y galope uno de los objetivos debe ser el lograr que los aires sean más cadenciados: es decir, para desarrollar un ritmo pronunciado, con energía para que los trancos sean más saltados gracias a una mayor flexión de las articulaciones y remetimiento de los posteriores.

RESUMEN

Los objetivos arriba mencionados deben tenerse en mente a lo largo del entrenamiento básico del caballo. Deben ser el producto final del trabajo dividido en dos fases: la preparatoria, y la intermedia.

FASE PREPARATORIA

Esta fase de la doma (que dura de cuatro a doce meses, según las aptitudes del caballo y del domador) tiene por objetivo producir un caballo que:
• Posea unos aires buenos, regulares y sin precipitación.
• Sea tranquilo, relajado y obediente a las ayudas del jinete.
• Muestre una buena línea exterior natural, ritmo y equilibrio.
• Se mueva libremente hacia adelante, sin reunión, pero con unos posteriores activos.
• Acepte el filete con buena voluntad, sin tensión ni resistencia.
• Mantenga la rectitud en las líneas rectas y se incurve en líneas curvas.
• Haga unas transiciones fluidas y permanezca inmóvil en la parada.
• Sea agradable de montar en pista y en el campo.

EL TRABAJO

El trabajo debe incluir:

• Trabajo en el picadero.
• Ejercicios gimnásticos de salto.
• Salidas al exterior, incluyendo trabajo en pendientes.

TRABAJO EN EL PICADERO

Modelo de trabajo. Lo mejor es comenzar al trote levantado a la mano más cómoda para el caballo y después cambiar a la mano más difícil. La primera parte del trabajo sirve como calentamiento y para relajar el caballo.

Todo trabajo debe hacerse a ambas manos y se debe trabajar aproximadamente el mismo tiempo en cada una.

Hacen falta frecuentes periodos de descanso al paso con riendas largas. Es aconsejable terminar con un ejercicio que el caballo sepa hacer bien.

Cuando el caballo trota con trancos activos y el dorso relajado, debe empezar a mostrar cierto grado de redondeo en su línea exterior, con la nuca en el punto más alto del cuello. Cuando el caballo haya alcanzado esta fase, está preparado para hacer trote sentado.

Duración. De media hora a cincuenta minutos, o dos sesiones de treinta minutos como promedio, pero depende en gran parte de la fuerza y el temperamento individual de cada caballo.

LAS FIGURAS

Desde esta primera fase de la doma es importante entrar en la disciplina de ejecutar las figuras correctamente. Los círculos deben ser redondos, las líneas rectas bien rectas, y hay que hacer entrar el caballo en las esquinas sin perder impulsión, ritmo, incurvación ni el deseo de ir hacia adelante. Los círculos no deben ser inferiores a 20 metros de diámetro, los semicírculos de 15 metros, y los bucles de una serpentina 12 metros.

LOS AIRES

Éstos deben limitarse al paso libre con riendas largas, el paso medio, el trote de trabajo y galope de trabajo (véase capítulo 5).

Cuando el caballo esté preparado para galopar, debe aprender a partir a galope a la mano correcta. El lugar más fácil para ello es sobre el círculo o a la entrada del lado menor. Si sale a la mano errónea, no se le debe hacer parar —lo que podría considerar como un castigo—, sino volver al trote y de nuevo volver a intentar la salida a galope. Si por cualquier razón el caballo, al pedirle el galope, se pone a trotar a toda velocidad, no se le debe dejar salir a galope hasta que se haya restablecido un trote de trabajo relajado.

El galope es difícil para un caballo joven, sobre todo en el círculo, y no se debe continuar demasiado rato. Para muchos potros es más fácil galopar con el dorso redondea-do y relajado si el jinete adopta el asiento de salto, con los isquiones justamente levantados de la montura.

LAS TRANSICIONES

Éstas deben ser progresivas: es decir, no directamente del galope al paso, sino con trote intermedio, y lo mismo en las transiciones crecientes. En las primeras fases de la doma el modo de ejecutar la transición es más importante que su logro en una letra determinada.

Las transiciones deben llevarse a cabo fluidas pero no abruptas. Si el caballo no responde se pide de nuevo, y otra vez si hace falta, de modo que las ayudas sean repetitivas, no continuadas. Para que una transición sea satisfactoria el caballo debe estar equilibrado al entrar y tener suficiente impulsión. El ritmo del aire debe mantenerse hasta el momento en que se cambia a otro o se pide una parada, y debe restablecerse cuanto antes en el nuevo aire.

• *Transiciones crecientes* (pág. 35). Es importante que el jinete prepare al caballo joven ante una transición a un aire superior, y sobre todo, que desarrolle suficiente impulsión para facilitar que el caballo obedezca sin levantar la cabeza en el aire o hundir el dorso.

• *Transiciones decrecientes* (pág. 36). Se debe *montar* en éstas dentro del ritmo y el jinete debe mantener un asiento correcto. Su mano debe restringir y ceder. Si tira de las riendas, crea resistencia y el caballo pondrá el dorso rígido. En las primeras fases es útil usar la voz para evitar el tener que tirar de las riendas.

MOVIMIENTOS

Éstos deben limitarse a la parada, giro sobre los anteriores y la comprensión de la media parada.

LA MEDIA PARADA (pág. 36)

Es una versión moderada y apenas visible de la parada que:

a) Aumenta la atención y el equilibrio del caballo.

b) Ayuda a remeter los posteriores para generar impulsión y aligerar el tercio anterior.

c) Avisa al caballo de que el jinete está a punto de pedirle algo.

Para ser eficaz, el jinete debe procurar —como en todo trabajo— que el caballo "piense" hacia adelante: es decir, las ayudas de impulsión hacia adelante son más importantes que las de contención. Se aplican las ayudas de asiento y piernas para producir mayor actividad de los posteriores, que debe repercutir en otros músculos del cuerpo del caballo (es decir, los músculos están coordinados, de modo que las ayudas son transmitidas y no quedan aisladas en los posteriores). Para que las ayudas de impulsión dejen de aumentar meramente la velocidad, la rienda o ambas riendas contienen momentáneamente. Esto resulta en un aumento de la energía y atención producido por las ayudas hacia adelante contenidas dentro del caballo, con lo cual se consiguen los puntos a), b) y c) anteriormente descritos.

En la media parada eficaz el dorso debe estar relajado y flexible para facilitar que las ayudas se transmitan y que éste pueda ejercer su función de eslabón de conexión entre el tercio anterior y el posterior. Si el dorso queda rígido, las ayudas de las riendas no pueden ser transmitidas y el resultado será que el caballo levanta la cabeza, hunde el dorso y se pierde el efecto de remetimiento de la media parada.

Tras aplicar las ayudas de la mano que contiene, el jinete cede momentáneamente, de modo que el caballo aprende a llevarse a sí mismo y no depende del soporte de las riendas. A nivel intermedio el jinete debe aspirar a llevar su caballo con el asiento y las piernas, sin depender de las riendas.

La media parada se hace más importante a medida que progresa la doma, pero el potro debe ser introducido gradualmente a las ayudas y debe aprender a aceptarlas correctamente.

LA PARADA (página 36)

Es importante que el potro aprenda a permanecer inmóvil en la parada desde que se le empieza a montar. Al principio se le hará parar mayormente con ayuda de la voz y un contacto ligero de la mano; durante uno o dos segundos no debe mover la cabeza ni las extremidades. A un potro no se le deben pedir paradas prolongadas; tres segundos es suficiente.

No hay que darle demasiada importancia a que un potro haga la parada cuadrada. A menudo podrá dejarse un pie, y es mejor que el jinete permanezca quieto en vez de intentar corregirlo ya que, normalmente, se corregirá solo cuando el caballo se vuelva más flexible. Hasta que el caballo no sepa avanzar correctamente y aceptar el filete no podrá remeter sus posteriores suficientemente para establecer su equilibrio y parar con su peso distribuido por igual sobre las cuatro extremidades.

GIRO SOBRE EL TERCIO ANTERIOR (página 39)

En este movimiento los posteriores giran alrededor del tercio anterior. La colocación es contraria a la dirección del giro, pero puede hacerse en dirección al movimiento (figuras 8 y 28G). Es el ejercicio más sencillo para enseñar al caballo a obedecer a las ayudas laterales y, por ello, puede introducirse en una fase temprana. Además ayuda a hacer el dorso flexible.

Objetivos
• Enseñar al caballo a obedecer a la pierna.
• No dar ningún paso hacia adelante ni retroceder.
• Mover los anteriores en un círculo muy pequeño.

• Llevar el posterior interior hacia adelante y debajo de la masa del caballo.

Ejecución

Desde la parada, para mover el posterior hacia la derecha, utilizar la pierna izquierda junto a la cincha, pidiendo una ligera posición con esta pierna, asegurándose de que la rienda derecha controla el movimiento hacia adelante y evita demasiada flexión del cuello.

EJERCICIOS GIMNÁSTICOS DE SALTO

Éstos se describen con detalle en el capítulo 10.

Tan pronto el caballo haya aprendido a aceptar el filete y a ir al paso, trote y galope sin excitarse, debe recibir lecciones elementales de salto. Es bueno para enseñar al caballo a emplearse como un atleta, fortaleciendo su musculatura y haciéndolo flexible y atento. Se puede hacer un par de veces por semana sobre un suelo adecuado. En esta fase inicial, los saltos deben servir para dar confianza al caballo y nunca deben ser demasiado grandes. Se puede trabajar con saltos pequeños hasta alcanzar como mucho un metro de altura y uno y medio de anchura. Las calles con las distancias bien calculadas entre obstáculos, serán, al principio, lo más beneficioso.

SALIDAS AL CAMPO

Es vital mantener el interés del caballo joven. Pronto se cansará del trabajo en el picadero si está débil y lo considera un esfuerzo. Salir al campo, sobre todo en terreno ondulado, ayuda a fortalecer su musculatura y proporciona la variedad que necesita psíquicamente.

Por ello es aconsejable salir al campo con frecuencia, pero teniendo en cuenta los objetivos del entrenamiento. El trabajo en el campo, sobre terreno ondulado, a lo largo de caminos, no necesariamente es recreativo, sino otra oportunidad para lograr los objetivos del entrenamiento básico.

Para el trabajo en el campo, el control es fundamental. Si se pierde el control, se asustarán tanto el caballo como el jinete, de modo que el domador debe calcular cuánto puede pedir de su caballo. No se debe exponer un caballo nervioso al tráfico intenso o en el casco urbano sin la compañía de otro caballo experimentado y de confianza. Al pedir un galope se debe sentir cuándo el caballo tiende a calentarse, y reducir la marcha antes de perder el control; entonces se puede disfrutar de un galope ocasional con seguridad.

Las visitas a competiciones, donde el potro puede acostumbrarse a la multitud, a otros caballos y objetos extraños, son una experiencia útil.

Hacia el final de esta fase de la doma, una salida de un día o dos con la asociación local de cacería puede ser útil, sobre todo para caballos potenciales de salto o completo, que deben acostumbrarse a distintos obstáculos, y también para caballos linfáticos con el fin de desarrollar su impulsión.

Tras una salida, el jinete debe examinar a su caballo en la cuadra para comprobar su estado físico y eventuales lesiones.

FASE INTERMEDIA

La fase intermedia es la continuación de la fase preparatoria, que sigue desarrollando los objetivos de la doma pero con más énfasis en la reunión.

REUNIÓN

En esta fase, la reunión (página 50) se convierte en un objetivo importante, pero sólo se podrá lograr si el domador mantiene y mejora los demás objetivos de: impulsión, ritmo, flexibilidad, rectitud, aceptación de la embocadura, sumisión y aires correctos.

Los beneficios de la reunión
• Desarrollo y mejora del equilibrio del caballo.
• Remetimiento de los posteriores y bajar la grupa, aligerando y haciendo más móvil el tercio anterior. Esto facilita que los trancos puedan volverse más amplios o más elevados, según se desee.
• El caballo obtendrá más facilidad para llevarse a sí mismo, con lo cual se convertirá en una montura más agradable.

El caballo debe volverse más manejable, capaz de generar la potencia para la extensión de su aires, llevar a cabo ejercicios de doma y saltar obstáculos.

Para reunir
La reunión se consigue por un mayor remetimiento de los posteriores y no al reducir la marcha provocando unos trancos atrofiados, inactivos. Al pedir que el caballo acorte y eleve sus trancos hacia la reunión, la impulsión debe ser mantenida o incluso aumentada.
Las ayudas principales para la reunión son las medias paradas, círculos cada vez más pequeños, serpentinas, transiciones dentro del mismo aire, transiciones crecientes y decrecientes y los movimientos laterales.

TRABAJO

Debe incluir:

• Trabajo en el picadero.
• Ejercicios gimnásticos de salto.
• Salidas al campo, incluyendo subidas y bajadas y algunas galopadas en terreno adecuado.
• La competición. A ser posible, participar ocasionalmente en competiciones de un día, del tipo organizado por clubs locales, pruebas de doma para debutantes y elementales y pruebas de salto para debutantes. Éstas facilitan el progreso que se vaya haciendo en casa.

TRABAJO EN EL PICADERO

El trabajo comprende, primero, el soltar y estirar la musculatura, y después, flexibilizar hasta la reunión. Antes de pedir un esfuerzo al caballo, el entrenador debe estar seguro de sus objetivos y además de que el caballo esté física y psíquicamente preparado para la necesaria cooperación. Si surgen problemas, hay que volver al principio básico de "enderezar el caballo y montar hacia adelante" ya que muchas dificultades aparecen por culpa de pérdidas de impulsión y de rectitud.
El trabajo siempre debe ser progresivo, utilizando las figuras y movimientos mostrados a continuación para mejorar los objetivos del entrenamiento. De este modo, al aprender simplemente a quedarse inmóvil al parar, se le puede enseñar al caballo a parar cuadrado y, después, a dar pasos atrás; desde el trabajo lateral más sencillo como el giro sobre el tercio anterior y el ceder a la pierna, se progresa a la espalda adentro y los apoyos; y desde el trabajo a galope en firme y en trocado y el uso de cambios simples, se progresa al cambio de pie en el aire.
No solamente los movimientos que se hagan deben ser progresivos, sino también la manera en que se ejecutan. Así, el entrenador irá progresando desde lograr sólo unos pasos del movimiento, hasta mayor número de trancos; por ejemplo, desde realizar una espalda adentro con poca reunión terminando en un círculo, hasta una espalda adentro reunida a lo largo del lado mayor volviendo a enderezar el caballo sobre la pista; desde hacer un apoyo con poca incurvación y muy hacia adelante, hasta pedir buena incurvación y verdadero desplazamiento lateral. Aunque el entrenador debe tener en mente cómo un caballo de Gran Premio ejecuta los movimientos, debe ser consciente de que hace falta mucha potencia muscular y flexibilidad para poderlos hacer de ese modo. Sólo se pueden lograr con un trabajo progresivo. Además,

Fig. 26. Gráfico de una serpentina y de un semicírculo de quince metros; ejercicios útiles para el caballo joven.

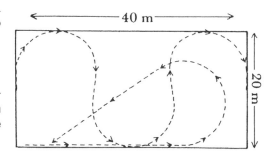

pocos caballos de salto o completo podrían, ni necesitan, desarrollar la reunión necesaria para ejecutar movimientos de Gran Premio.

LAS FIGURAS

El domador puede ir reduciendo el tamaño de los círculos gradualmente a medida que se logra mayor reunión, hasta llegar a un diámetro de diez metros y semicírculos de seis. Los círculos a trote medio y galope medio no deben ser inferiores a veinte metros de diámetro, y el galope largo sólo se efectúa en líneas rectas.

Las serpentinas forman un excelente ejercicio de flexibilización, sobre todo si se hacen en forma de pera (como en la figura 26). El tamaño de los bucles se puede reducir gradualmente. Las serpentinas se pueden hacer al trote, y también al galope con cambios simples sobre la línea media o con algunos bucles a galope en trocado.

(Para otros movimientos útiles véanse figuras 27 y 28, pág. 82-83.)

LAS TRANSICIONES

Mientras se hagan correctamente, las transiciones frecuentes de un aire a otro o dentro del mismo aire ayudan a lograr los objetivos del entrenamiento.

Durante el trabajo, el domador puede aumentar poco a poco el grado de reunión de su caballo y alternar sucesivamente con aires medios y largos.

Las transiciones crecientes de dos niveles, como de la parada al trote, paso al galope, pueden alternarse con transiciones similares decrecientes.

Las transiciones deben hacerse más directas y menos progresivas que en la fase inicial.

Objetivos
• Mostrar una clara transición.
• Rapidez, pero con fluidez y no abrupta.
• Mantener el ritmo del aire hasta el momento del cambio o de la parada.
• Procurar que el nuevo aire sea firme y con buena impulsión.
• Mantener el caballo en la mano, ligero y tranquilo.
• Mantener el equilibrio del caballo y la puesta en mano.

LA PARADA (página 36)

Objetivos
En la fase inicial, el caballo debía, ante todo, permanecer inmóvil, pero no necesariamente cuadrado. Ahora los objetivos deben ser:

• Distribuir el peso por igual sobre las cuatro extremidades, que deben quedar aplomadas (formando un cuadrado).
• Mantener el cuello de forma que la nuca sea el punto más alto y con la cabeza ligeramente por delante de la vertical.
• El caballo debe seguir "en la mano" con la mandíbula relajada.
• Permanecer inmóvil pero atento y preparado para avanzar a petición del jinete.

Ejecución
El caballo debe transferir más peso sobre sus posteriores, para lo cual el jinete debe aumentar la acción de su asiento y piernas, empujando el caballo hacia ade-

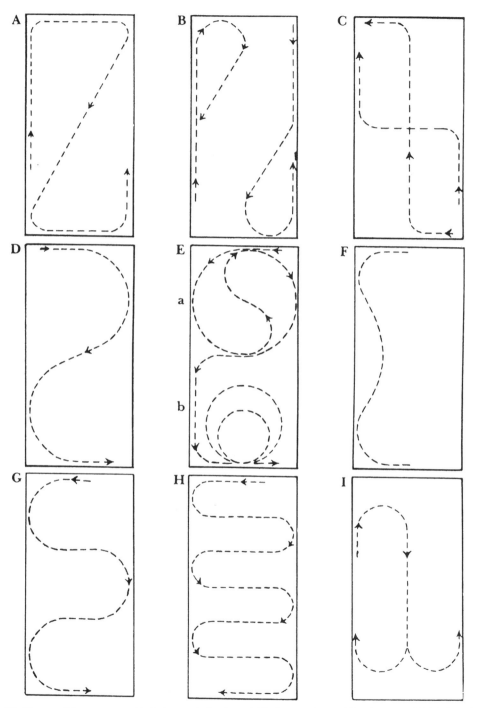

Fig. 27. Figuras utilizadas para el trabajo en el picadero. A-D) Formas de cambiar de mano. E) (a) Cambio de mano dentro del círculo de 20 metros; (b) Círculos de 15 y 10 metros. F) Bucle aplanado. G) Serpentina de tres bucles. H) Serpentina de seis bucles. I) Medias vueltas de 10 metros.

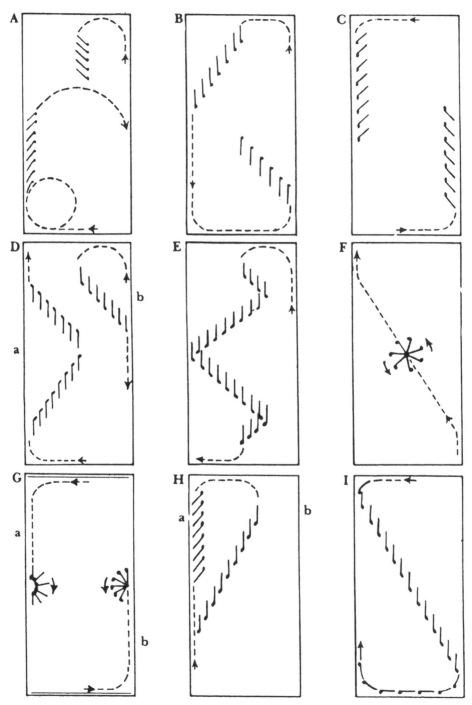

Fig. 28. Gráfico de las figuras que incluyen el trabajo en dos pistas. A) Espalda adentro. B) Cesión a la pierna. C) Cabeza al muro y grupa al muro. D-E-I) Apoyos. F) Pirueta. G) (a) Giro sobre el tercio anterior; (b) Media pirueta. H) Grupa al muro y apoyos.

lante hacia una mano más resistente pero que, a la vez, cede. En esta fase intermedia la parada debe ser prácticamente instantánea, pero no brusca.

PASOS ATRÁS (Pág. 37)

El caballo se mueve hacia atrás, levantando las extremidades por bípedos diagonales prácticamente simultáneos.

Objetivos
- Levantar los pies, de modo que no arrastren.
- Mantener la rectitud.
- Moverse hacia atrás con un ritmo determinado.
- Todos los pasos deben tener la misma amplitud.
- Avanzar hacia adelante sin vacilaciones cuando se le pide.

Ejecución

Los pasos atrás no se deben pedir antes de que el caballo se haya vuelto bastante flexible, sobre todo en sus articulaciones, y ligero en el tercio anterior ya que, de otro modo, le será difícil y habrá que tirar hacia atrás, lo cual generalmente resulta en un hundimiento del dorso y demás resistencias. Si el caballo no responde pese a estar preparado para aprender los pasos atrás, el jinete no debe tirar de él, sino empujarlo hacia adelante hacia un contacto más firme.

Las fases
- Practicar frecuentes transiciones fluidas hacia la parada, con el caballo cuadrado y en la mano.
- Tras una buena parada, aplicar las ayudas para avanzar hacia adelante, pero con la mano contener y evitar que salga hacia adelante. Cuando el caballo retroceda, ceder con la mano como premio, pero manteniendo el contacto.
- Uno o dos pasos son suficientes en las fases iniciales.

- Tras los pasos atrás, el caballo debe avanzar hacia adelante sin vacilar cuando se le pida.
- El jinete debe controlar cada paso hacia atrás y variar el número de pasos pedidos.

EL GALOPE EN TROCADO (pág. 41)

El jinete hace galopar al caballo con la mano exterior en vez de la interior, de modo que al ir a mano izquierda, el caballo galopa con la mano derecha.

Objetivos

a) Mantener la incurvación hacia la mano del galope, de modo que el caballo mire hacia el exterior del círculo.

b) Procurar que la grupa no se salga fuera del círculo.

c) Mantener el ritmo y el equilibrio.

Ejecución

El jinete debe pedir lo justo dentro de las posibilidades de su caballo en cuanto a flexibilidad y reunión, y siempre tener en cuenta que la conformación del caballo no permite su incurvación sobre el círculo. Las lecciones iniciales pueden consistir en salirse de la línea recta (líneas quebradas). Después se progresa, a medida que se logra a), b) y c) en círculos y serpentinas.

Beneficios
- Buen ejercicio para la flexibilidad y el equilibrio del caballo.
- Estimula el remetimiento de los posteriores si se ejecuta bien.
- Puede ser útil a la hora de enseñar cambios de pie.

EL CAMBIO DE PIE SIMPLE (pág.41)
(CON PASOS INTERMEDIOS)

Se cambia la mano del galope mediante una transición al paso y, tras dos o tres trancos, se vuelve a partir al galope a la otra mano.

Objetivos
• Ejecutar el movimiento con fluidez.
• Mantener la puesta en mano.
• Mantener la impulsión.
• Remetimiento de los posteriores.
• Mantener la rectitud.

EL CAMBIO DE PIE EN EL AIRE
(pág. 41)
Tiene lugar durante el momento de suspensión del galope, cuando los anteriores y los posteriores deben cambiar al mismo tiempo, iniciándose el cambio con el nuevo posterior.

Objetivos
• Mantener el caballo ligero, tranquilo y recto.
• Mantener la impulsión.
• Mantener el mismo ritmo y equilibrio.
• Lograr un salto limpio y notable de un pie sobre el otro (en otras palabras, el cambio debe ser expresivo).

El cambio de pie en el aire no se puede intentar antes de que el caballo:

• Tenga fuerza en los posteriores.
• Tenga capacidad de reunión al galope y de mantener la impulsión.
• Tenga equilibrio y rectitud.
• Permanezca en la mano durante el trabajo.
• Sepa salir al galope a ambas manos correctamente.

Preparación
Practicar cambios simples a intervalos cortos y a ambas manos. Cuando éstos se hagan bien y con cierto grado de reunión, el caballo mantenga la rectitud, esté en la mano y atento a las ayudas, el entrenador debe empezar a pedir galope en firme y galope en trocado desde el paso.

Ejecución
Para que el primer cambio de pie en el aire sea más fácil para el caballo, normalmente se toma una diagonal a un galope bien equilibrado y muy reunido y se pide el cambio al final de la diagonal. Si el caballo ha cambiado correctamente, primero hay que confirmarlo antes de premiarlo con paso y riendas largas. Si el cambio no se ha hecho bien, o no se ha efectuado, el jinete puede intentarlo otra vez y, si vuelve a fallar, debe volver a los ejercicios preparatorios antes de volver a intentarlo. Es esencial que el cambio no sea tardío en los posteriores: es decir, que el caballo cambie la mano y uno o varios trancos más tarde, el pie. Si el jinete no sabe sentir este error montado en el caballo, debe tener un ayudante pie a tierra para decirle si el cambio ha sido correcto o no.

Alternativas para pedir el cambio
Aunque muchos entrenadores piden el cambio al final de la diagonal, para algunos caballos resulta más fácil de las siguientes maneras. Si el caballo no cambia correctamente al final de la diagonal, se pueden probar estas alternativas. Además, al continuar el entrenamiento, es importante asegurarse de que el caballo no se anticipe y empiece a cambiar por su cuenta. Por ello hay que pedir los cambios en distintos lugares.

Alternativas
• Desde el galope en trocado, sobre el lado mayor de la pista. Para evitar que el caballo se anticipe, el jinete a veces puede continuar en trocado pasando las letras donde suele pedir el cambio. Es importante mantener la rectitud del caballo a lo largo del movimiento y evitar que se precipite hacia un lado. Además es importante que el caballo cambie con las ayudas y que no se anticipe.
• Apoyar a galope, enderezar un par de trancos y pedir el cambio.
• En la serpentina pedir cambios en la línea media.
• Desde el semicírculo de 10 o 15 me-

tros, pedir el cambio justo antes de volver a entrar en pista.

TRABAJO EN DOS PISTAS

En el trabajo en dos pistas el caballo se mueve hacia un lado al mismo tiempo que avanza hacia adelante. Con ello se facilita:

• Aumentar la obediencia del caballo.
• Aumentar la flexibilidad, con mayor libertad de las espaldas, movilidad de los posteriores y la elasticidad de esa conexión vital entre posteriores, dorso, cuello, nuca y boca.
• Mejorar la cadencia y el equilibrio.
• Remetimiento de los posteriores y así aumentar la reunión.

Objetivos
• Los aires deben seguir libres y regulares.
• Mantener la impulsión, el ritmo y el equilibrio.
• Lograr una ligera incurvación desde la nuca hasta la cola (excepto en la cesión a la pierna, donde sólo se pide flexión en la nuca). El grado de incurvación depende de la flexibilidad y el nivel de doma del caballo. Nunca debe ser excesiva (es decir que el jinete sólo se preocupa por el movimiento hacia un lado) de modo que se impida la fluidez, el equilibrio y la impulsión.

CESIÓN A LA PIERNA (pág. 39)

En la cesión a la pierna el caballo se mueve hacia adelante y hacia un lado. Debe estar recto, salvo una ligera flexión en la nuca, de modo que el jinete puede ver el arco ciliar y ollar interior. Esta flexión es hacia el lado opuesto de la dirección en la cual se mueve el caballo. Las extremidades interiores cruzan por adelante de las exteriores.

Ceder a la pierna es el movimiento lateral más sencillo, no requiere reunión y por ello es muy útil en la doma de caballos jóvenes. Muchos entrenadores usan este ejercicio como introducción al trabajo en dos pistas. Es un movimiento que ha causado controversia y no todos los entrenadores están de acuerdo sobre su uso (figuras 8b y 28B).

Ejecución
Las primeras lecciones se harán al paso. Hasta que el caballo comprenda las ayudas no se debe intentar al trote. Las figuras habituales para probar la cesión a la pierna son las siguientes:

• Desde el círculo de 10 metros, ceder a la pierna hasta el lado mayor de la pista o hasta iniciar un círculo de 20 metros.
• Doblar desde el lado menor de la pista sobre la línea central, y ceder a la pierna hasta el lado mayor.
• A lo largo de la diagonal, manteniendo el caballo lo más paralelo posible al lado mayor pero con las espaldas algo por delante.
• A lo largo de la pared, con el caballo en un ángulo no superior a 35° con la dirección en que va.

ESPALDA ADENTRO (pág. 39)

En la espalda adentro el caballo se mueve en un ángulo de unos 30° en la dirección del movimiento, con todo el cuerpo ligeramente incurvado alrededor de la pierna interior del jinete, o sea mirando en dirección opuesta a la del movimiento. La mano interior cruza por adelante de la mano exterior, el pie interior pisa por adelante del exterior. Se puede ejecutar en línea recta o sobre el círculo (figuras 8c y 28A).

Beneficios
La espalda adentro es la base de todo trabajo avanzado y reunido en dos pistas. Quizá por ello es el ejercicio más valioso a disposición del entrenador:

• Es un movimiento para flexibilizar y reunir, ya que el posterior interior es remetido bien debajo de la masa y colocado por adelante del exterior. Para hacer esto, el caballo debe bajar su cadera interior y flexionar las articulaciones de su posterior.

• Ayuda el jinete a controlar las espaldas del caballo. Al "pensar espalda adentro" al hacer giros y círculos, y sobre todo al partir a galope, le ayuda a evitar que la espalda se salga fuera o la grupa se venga hacia dentro.

• Ayuda a enderezar el caballo.

• Mejora la calidad de los aires.

• Se puede usar para disciplinar al caballo.

Objetivos

• Mantener la impulsión y el deseo de ir hacia adelante.

• Mantener el ritmo.

• La incurvación debe estar en todo el cuerpo y no solamente en el cuello, de otra manera se pierde el valor de la reunión y la espalda tiende a salirse.

• La grupa no debe salir hacia fuera (esto sería sacar la grupa fuera en vez de entrar la espalda adentro).

• El movimiento en sí debe pasar a lo largo de todo el caballo: es decir, la conexión elástica entre el posterior y la boca debe mantenerse en todo momento.

Ejecución

A veces la primera lección se da al paso, pero tan pronto el caballo comprenda lo que se requiere debe hacerse al trote. La forma usual de comenzar el movimiento es al salir de la esquina y entrar en el lado mayor de la pista. En vez de seguir recto sobre la pista, el jinete mantiene la incurvación de la esquina, llevando las espaldas hacia una pista interior pero manteniendo los posteriores sobre la pista inicial, donde deben permanecer durante todo el movimiento. Cuando el jinete guía el tercio anterior hacia el interior aumenta la presión de su pierna interior y la acción de retención de la rienda exterior; mientras, mantie-

ne la flexión con la rienda interior y controla la grupa con la pierna exterior.

Al principio sólo se deben pedir unos trancos de espalda adentro y acto seguido volver el caballo sobre una sola pista en la dirección que iba. El número de trancos se puede aumentar a medida que la ejecución y la flexibilidad aumenta.

CABEZA AL MURO
(GRUPA ADENTRO O TRAVERS)
Y GRUPA AL MURO (RENVERS)

Nota.- Aunque "cabeza al muro" y "grupa adentro" constituyen un mismo ejercicio y sus características, condiciones y ayudas son las mismas, en España mantenemos ambas denominaciones utilizando la primera cuando se realiza a lo largo de la pared del picadero y reservando la segunda para cuando el caballo se desplaza por la línea central debiendo indicarse entonces si la grupa adentro es a la izquierda o a la derecha. La "grupa al muro" o renvers no es más que el mismo ejercicio, pero realizado desde una pista interior paralela al muro y desplazando la grupa hacia éste.

GRUPA ADENTRO Y RENVERS
(pág. 40)

En la cabeza al muro o grupa adentro (travers) y en el renvers (grupa al muro) (figuras 8d, 8e y 28C), el caballo está ligeramente incurvado alrededor de la pierna interior del jinete y situado en un ángulo de unos 30° con la pared del picadero. Estos ejercicios difieren de la espalda adentro porque el caballo mira en la dirección en que va. Pueden efectuarse a lo largo de la pared o sobre la línea central.

Beneficios

• Aumentan la obediencia.

• Preparación para los apoyos.

• Aumentan el control sobre los posteriores.

• Como ejercicio de reunión a galope pueden usarse en la preparación para la pirueta.

Ejecución

Las primeras lecciones normalmente se dan al paso, pero luego pueden hacerse al trote y galope. Para hacer la cabeza al muro: al final del lado menor, en vez de entrar recto sobre el lado mayor, se mantiene la incurvación de la esquina, y se aplican las ayudas para la cabeza al muro o grupa adentro.

Ya que el renvers es una grupa adentro al revés (hacia afuera), se utiliza la misma musculatura, etc., que para este ejercicio.

LOS APOYOS (pág. 40)

Forman una variación de la grupa adentro, ejecutada sobre la diagonal (figuras 8f y 28D, E e I). El caballo está ligeramente incurvado alrededor de la pierna interior del jinete y debe alinearse lo más paralelo posible al lado mayor de la pista, pero con el tercio anterior ligeramente por delante del posterior. Al trote y paso las extremidades exteriores cruzan y pasan por adelante de las interiores, pero al galope no suelen cruzarse. El caballo mira hacia adelante y hacia un lado en la dirección en que va.

Objetivos

• Mantener el mismo equilibrio y ritmo a lo largo de todo el movimiento.

• Mantener la incurvación, pero ésta no debe ser tan excesiva que se pierda la impulsión.

• Asegurar que se aligere el tercio anterior, de modo que haya libertad y movilidad en las espaldas y facilidad y gracia en el movimiento.

Ejecución

La ejecución correcta depende mucho de cómo se entra en el ejercicio y de que siga prevaleciendo el movimiento hacia adelante. El entrenador puede empezar la lección con una media vuelta seguida de apoyos (figura 28Db). Una alternativa útil es la espalda adentro en el lado menor, y al salir de la esquina, apoyar sobre la diagonal; o ceder a la pierna desde la línea central hasta el lado mayor y volver hacia la línea central apoyando.

MEDIA PIRUETA AL PASO (pág. 41)

Es un medio círculo ejecutado en dos pistas con un radio equivalente a la longitud del caballo. El tercio anterior se mueve alrededor del posterior. Las manos y el pie exterior se mueven alrededor del pie interior que actúa como pivote y vuelve al mismo lugar o justo adelante cada vez que es levantado.

Objetivos

• El caballo debe estar ligeramente incurvado hacia la dirección del giro.

• Debe permanecer en la mano.

• Se debe mantener el ritmo del paso.

• El caballo no debe retroceder.

Ejecución

Se le pueden enseñar las ayudas para la media pirueta pidiendo primero grupa adentro sobre un círculo pequeño. Si se consigue mantener la impulsión y la secuencia del paso, se podrá reducir el tamaño del círculo hasta conseguir la media pirueta (figura 28Gb).

INTRODUCCIÓN A LA BRIDA
(FILETE Y BOCADO)

La brida completa, con filete y bocado da el toque o acabado final a los movimientos que ya se han enseñado y ejecutado correctamente con filete solo. Se puede empezar a usar cuando el caballo haya sido introducido al trabajo en dos pistas y acepte bien el filete en todo el trabajo. La primera vez que se pone filete y bocado se hará trabajo sencillo en una sola pista. Las transiciones dentro del mismo aire ayudarán a establecer buena impulsión y estimulan a que el jinete monte el caballo hacia la mano.

La frecuencia de embridar con filete y bocado dependerá del jinete y del caballo.

RESUMEN

Cuando el caballo sepa ejecutar correctamente todos los movimientos del nivel intermedio, debe estar ya muy puesto. Es un nivel de doma que resultaría muy benefi-cioso para caballos de salto; los caballos avanzados de concurso completo deben saber realizar también este trabajo (excepto los cambios de pie en el aire) para participar los concursos completos de la FEI. Una doma más avanzada no es necesaria para caballos de salto o de completo, de modo que el capítulo siguiente está dedicado más al caballo especializado en doma clásica.

9

Entrenamiento avanzado en el picadero

INTRODUCCIÓN

En esta fase, la relación entre caballo y jinete empieza a especializarse. Si se escoge la doma, desde luego "El jinete de doma es un artista y el caballo es su medio; juntos producen una obra de arte" (Hans Handler). Solamente los grandes jinetes y caballos pueden lograr esto, pero aun así debe ser el objetivo de todo el que se inicia en la doma avanzada.

Los objetivos principales a este nivel son de entrenar el caballo para que:

• Responda a unas ayudas refinadas.
• Sea excepcionalmente flexible en todos los aires y movimientos.
• Sea capaz de generar gran impulsión y reunión.

Para lograr estos objetivos el jinete debe:

• Ser analista, con mucha atención, para el detalle y rápido para reconocer fallos y problemas.
• Tener una mentalidad abierta, estar dispuesto a admitir un error, tener ganas de aprender y, si es necesario, estar dispuesto a adaptar sus medios para lograr sus objetivos.
• Poner dedicación y trabajar con entusiasmo día tras día.
• Ser consciente de que ningún caballo

puede perfeccionar sus movimientos hasta que no esté muy puesto. El equilibrio del jinete, su posición, y la aplicación correcta de sus ayudas se vuelven críticas, y sólo pueden desarrollarse y mantenerse con mucha determinación y disciplina.

INSTALACIONES

En esta fase, el trabajo regular es vital. Debe hacerse sobre un suelo adecuado ya que un suelo duro e irregular es molesto para el caballo y le hará poner el dorso rígido. Además es importante disponer de suficiente espacio para practicar alargamientos. Por ello, es prácticamente imprescindible disponer de una pista cubierta de como mínimo 20 x 40 m, o de una pista exterior de 20 x 60 m.

ASISTENCIA TÉCNICA

La ayuda de una persona experta pie a tierra es importantísima, no necesariamente todos los días, pero sí con regularidad, para controlar la posición del jinete y los aires y movimientos del caballo.

CUIDADOS

Hay que prestar atención con todo detalle a los cuidados que requiere el caballo:

• Buena alimentación para tener la condición física necesaria para realizar el trabajo avanzado.

• Cepillado regular para su limpieza y tonificar la musculatura.

• Atención constante a su estado físico, ya que cualquier problema muscular o de casco, si no se trata en seguida, afectará al trabajo.

OBJETIVOS DEL ENTRENAMIENTO

Los objetivos siguen siendo los mismos que en el capítulo anterior, pág. 70 a 76, aunque algunos permiten aproximarse más al éxito que otros. Así, en este nivel, el caballo debe mostrar sumisión, rectitud, aceptar el filete y ser capaz de establecer un ritmo. La mejora se centrará en:

• Flexibilidad (pág. 71)
• Impulsión (pág. 70)
• Reunión (págs. 50 y 79).

TRABAJO GENERAL EN EL PICADERO

Con excepción quizá del giro sobre las manos, todos los ejercicios de la fase intermedia pueden incluirse en este trabajo básico de pista.

Los aires

Se puede dedicar más tiempo al paso para desarrollar las variaciones dentro de este aire básico. Hay que desarrollar el paso reunido y el paso largo, pero con mucho cuidado. El asesor pie a tierra debe controlar que la secuencia del paso siga siendo correcta, ya que es muy fácil perder el ritmo con la poca impulsión producida al paso.

Se pueden pedir variaciones mayores al trote y al galope, pero procurando producir suficiente impulsión para que esto sea posible sin correr en los alargamientos, ni perder el ritmo en la reunión.

Círculos

Efectuados al trote y al galope reunido, se pueden reducir poco a poco de tamaño desde 10 hasta 6 metros (vueltas).

Objetivos
• La grupa no debe desviarse hacia dentro ni hacia afuera.
• Evitar demasiada flexión del cuello.
• Ni el caballo ni el jinete deben inclinarse hacia dentro ni hacia afuera.
• Mantener el ritmo durante las vueltas, a la entrada y a la salida.
• Hacer las vueltas correctamente a ambas manos.

Serpentinas

Deben ser ahora un ejercicio relativamente fácil para flexibilizar al trote reunido o de trabajo, y se pueden hacer variaciones útiles al galope. Se pueden hacer bucles a galope en trocado así como a galope en firme, y se puede reducir el tamaño de los bucles a medida que se logra mayor reunión del caballo; por ejemplo, en una pista de 20 x 60 m se empieza con una serpentina de cuatro bucles y se va progresando hasta la de seis. Se pueden hacer cambios de pie sobre la línea central aunque los cambios simples son un excelente ejercicio.

Objetivos
• Trazado de los bucles de tamaño y forma idéntica.
• Cambio de pie o cambio simple ejecutado con fluidez y exactitud.
• Mantener el ritmo.
• Mantener la incurvación correcta.

Transiciones

Se pueden hacer las siguientes transiciones directas:

Crecientes
• Desde la parada al trote reunido.
• Desde los pasos atrás al trote o galope reunido.
• Del paso reunido al galope reunido.

Más adelante:
• Desde el piaffer al trote reunido.
• Desde el piaffer al passage.

Decrecientes
• Desde el alargamiento a la reunión a los tres aires.
• Desde el paso reunido, galope reunido y el trote reunido y medio hasta la parada.

Mas adelante:
• Desde el passage o el piaffer a la parada.

Objetivos - Como en la página 77.

TRABAJO LATERAL
Los apoyos, la espalda adentro y el renvers se ejecutan con mayor grado de reunión y movimiento lateral, pero siempre manteniendo la impulsión y fluidez esenciales.

Los contracambios son una serie de apoyos hacia ambos lados de una línea recta (figura 28E).

Ejecución al trote
Desde un apoyo a la derecha, el jinete usa su pierna exterior (izquierda) para dirigir la grupa ligeramente más hacia la derecha, y al mismo tiempo cambia la incurvación del caballo de modo que el tercio anterior vaya por adelante. Seguidamente aplica las ayudas para el apoyo hacia la izquierda.

Ejecución al galope
Desde el apoyo a la derecha, el jinete deja de empujar el caballo lateralmente y lo endereza durante dos o tres trancos, en ese momento pide el cambio de pie y la incurvación hacia la izquierda, antes de aplicar las ayudas para el apoyo hacia la izquierda. Cuando el caballo sepa ejecutar el cambio con fluidez, tanto desde el apoyo a la derecha como hacia la izquierda, se pueden reducir los trancos de rectitud hasta uno solo, entonces se pedirá la nueva incurvación durante el cambio.

Objetivos
• El tercio anterior siempre debe ir por delante en los apoyos.
• El caballo debe tener la misma amplitud de tranco en los apoyos a ambos lados.
• Se debe mantener la impulsión, el ritmo y el equilibrio durante el ejercicio.

CAMBIOS DE PIE EN EL AIRE
(pág. 41)
Cuando el caballo sepa ejecutar cambios aislados "en las ayudas" y en equilibrio, debe estar preparado para iniciar series de cambios que se ejecutan a intervalos regulares tras un número determinado de trancos. Se puede reducir el número de trancos entre cambios a medida que el caballo haga los más sencillos, por ejemplo cada cinco, cada dos y, finalmente, al tranco.

Ejecución
En las series, el grado de reunión debe ser algo menor que en el galope reunido para asegurar que el caballo "salte" adelante correctamente en cada cambio.
No se debe practicar una serie determinada demasiado tiempo, ya que entonces el caballo tiende a anticiparse y no cambiará a las ayudas. Hay que variar las series y el número de trancos que se piden cada vez.
Cuando se enseña una serie más difícil se debe acabar la lección con una serie más fácil para el caballo: es decir una serie de a cuatro tras haber pedido varias de dos o al tranco.

Objetivos
• Mantener la rectitud del caballo. Cualquier tendencia a flotar o desviarse debe corregirse:
a) Guiando el tercio anterior, pensando "espalda adentro", cuando se pida cada cambio.
b) Aumentando la impulsión, montando hacia adelante en los cambios a un galope más fuerte, utilizando la pierna interior para ello.

• El cambio debe ser ejecutado con los anteriores y los posteriores al mismo tiempo. Si los posteriores cambian tarde suele ser debido a que el caballo cae demasiado sobre el anterior o que el jinete usa demasiada rienda y falta pierna. Hay que generar más impulsión y reunión.

• Hay que mantener el ritmo y la impulsión. Si el caballo va perdiendo ritmo en las series, hay que montar hacia adelante y pedir los cambios a un galope medio. Si se precipita, se aplican medias paradas durante los trancos entre cambios.

PIRUETAS AL GALOPE (pag. 41)

La pirueta (o media pirueta) es un círculo (o medio círculo) ejecutado en dos pistas con un radio equivalente a la longitud del caballo. El tercio anterior se mueve alrededor del posterior, las manos y el posterior exterior se mueven alrededor del posterior interior que se eleva y pisa en el mismo lugar o ligeramente por adelante.

Objetivos

• Mantener el caballo en la mano, con suave contacto y ligera incurvación hacia el lado del giro.

• Mantener el equilibrio, el ritmo y la impulsión.

• Mantener la regularidad de las batidas del galope. El posterior interior se levanta y vuelve a pisar el suelo al mismo ritmo que el posterior exterior, que no debe permanecer fijo en el suelo.

• Los trancos deben ser acentuados, cadenciados; para la pirueta se deben contar entre seis y ocho, mientras que para la media pirueta serán tres o cuatro.

Ejecución

La pirueta al galope es uno de los ejercicios más difíciles y avanzados, ya que requiere gran grado de reunión y mucha impulsión. El caballo no debe iniciarse en las piruetas hasta que haya desarrollado un buen galope reunido con mucha impulsión,

responda correctamente a las medias paradas y sepa acortar el galope tanto que durante varios trancos casi permanezca en el sitio (siempre en tres tiempos) antes de avanzar de nuevo con ganas de ir hacia adelante.

Métodos varios

• *Desde una gran pirueta al paso,* con los posteriores muy bien remetidos, se pide el galope manteniendo las ayudas para la pirueta al paso. El caballo debe dar unos trancos de galope en la pirueta antes de avanzar recto hacia adelante (si falta impulsión) o volver al paso (si se excita mucho). El éxito de este método radica en la buena calidad de la salida a galope.

• *Desde la grupa adentro.* Al final del lado mayor el jinete pide un semicírculo muy pequeño (o "passade") al galope grupa adentro paralelo al lado mayor, y después vuelve hacia la pared para ejecutar una pirueta de tres cuartos. Este método facilita mayor control sobre el posterior exterior en el momento de iniciar la pirueta (ya que uno de los fallos comunes es que se salga la grupa). Además, el caballo ya se encuentra en la incurvación correcta (figura 29).

• *Desde un círculo grande.* Esto puede ser más difícil, ya que no se puede prevenir tanto que se salga la grupa, pero es una buena progresión después de los dos sistemas anteriores para llegar a la pirueta en una sola pista. Se hacen vueltas dentro del círculo grande, eventualmente tan pequeñas que se convierten en "passade" y, finalmente, una media pirueta. Después se prosigue a galope en trocado antes de intentarlo a la otra mano.

• *Desde la grupa adentro sobre el círculo grande,* o desde un apoyo.

• *Desde la línea recta,* pero esto no debe intentarse hasta que el caballo haga una pirueta satisfactoria con los métodos anteriores. El jinete debe darle una ligera colocación de espalda adentro al acercarse al punto donde se ejecutará la pirueta, a un

Fig. 29. Diagrama del uso de la *passade* y la grupa adentro para ejecutar una pirueta a galope.

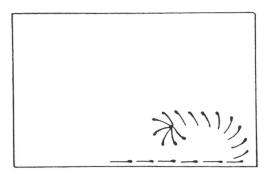

galope muy reunido de modo que el caballo casi galopa en el sitio cuando se le pide entrar en la pirueta (figura 28F).

Si al intentar la pirueta el caballo cae al paso, hay que seguir dando las ayudas para la pirueta, pero con más vigor, de modo que vuelva a salir al galope. Si el caballo comienza a girar rápidamente, o fija el posterior interior, hay que volver al trabajo de grupa adentro o travers de modo que se pueda mantener el control sobre cada tranco reunido. También se le puede pedir ir al paso durante la pirueta, haciendo una parte de la pirueta al paso y volver a pedir el galope, todavía en la pirueta, cuando se haya establecido mayor control sobre cada tranco.

Es importante que el jinete mantenga la posición correcta durante la pirueta, erguido y sentado y evitar inclinarse hacia adelante o hacia un lado durante el movimiento.

Al hacer piruetas es importante recordar que son muy exigentes para el caballo y que no se deben practicar mucho rato. Además es aconsejable variar el tamaño de la pirueta, de media, tres cuartos, a una pirueta entera, de modo que el caballo siga atento a las ayudas y preparado para salir cuando se le pida.

EL PIAFFER (pag. 42)

Es un trote altamente reunido, elevado y cadenciado efectuado en el sitio.

Objetivos
• La lumbre de la mano levantada debe estar a la altura de la mitad de la caña de la mano que permanece en el suelo. La lumbre del pie elevado debe llegar justo por encima de la altura del menudillo del otro pie.
• La nuca debe quedar alta y el cuello arqueado, la cabeza perpendicular, el dorso flexible y la grupa ligeramente bajada, con los corvejones activos y bien remetidos para dar mayor libertad, ligereza y movilidad a las espaldas y el tercio anterior.
• Cada bípedo diagonal debe levantarse y volver a pisar alternándose con el mismo ritmo y un claro, aunque breve, momento de suspensión.
• El piaffer debe producirse como resultado de una gran impulsión, de modo que el caballo en todo momento esté preparado y dispuesto para avanzar hacia adelante.
• El caballo no debe retroceder, ni cruzar las manos, desviar el tercio anterior ni la grupa, ni hacer las batidas irregulares.
• El caballo debe permanecer en la mano, con la nuca flexible y un contacto ligero pero firme de las riendas.

Ejecución
El piaffer puede enseñarse desde el suelo o montado. Con el primer sistema es más fácil para el caballo usar su dorso sin el peso del jinete, pero otros aprenden más fácilmente montados.

Enseñar desde el suelo. Estas lecciones deben tener lugar en una pista cerrada y las fases son como sigue:

1. El caballo es llevado al centro de la pista, equipado con filete, montura, cabezada de dar cuerda, cuerda larga y riendas de atar. Las riendas de atar se deben ajustar de modo que hagan contacto cuando el caballo está reunido. Puede ser necesario

acortarlas cuando se logra mayor reunión. La cuerda larga se sujeta a la anilla del cabezón y el caballo es llevado por la pista a mano izquierda, que es la más fácil para la mayoría de caballos, y la más cómoda para el domador.

2. El domador se pone cerca de la espalda del caballo. Con la rienda bastante corta en la mano izquierda y la fusta en la mano derecha, pasea al caballo lentamente una vez o dos alrededor de la pista. Tan pronto el caballo vaya relajado y tranquilo al paso, se le puede pedir trote. Los posteriores deben iniciar la transición y los trancos deben ser cortos. Si el caballo quiere avanzar demasiado, el domador debe retenerlo con la mano. Si no quiere avanzar, se le toca con la tralla justo por encima del menudillo. La voz sirve de refuerzo para las ayudas de avanzar y retener. Cuando el caballo sepa trabajar de este modo con ritmo y tranquilidad, se puede iniciar la enseñanza del piaffer.

3. Con el caballo correctamente parado en un lado mayor de la pista, el domador se pone de nuevo al lado de la espalda del caballo con la fusta en la mano derecha. Ahora tomará la rienda corta en su mano

izquierda, justo detrás de la cabeza del caballo (figura 30). Desde la parada se le pide avanzar unos trancos a trote muy reunido y parada de nuevo; esta vez el domador se pone inmediatamente delante del caballo. El caballo pronto aprenderá que el domador a su lado significa actividad y el domador delante de él, inmovilidad.

Con el tiempo, el caballo deberá trabajar a ambas manos, pero el primer día el domador puede estar satisfecho con unos trancos buenos a una mano. A lo largo de varias lecciones, el domador debe pedir que el caballo reduzca los trancos de trote progresivamente y aumente la reunión. Los posteriores deben remeterse más; para estimular al caballo a hacer esto y saltar de manera elástica del suelo, el domador puede usar la fusta para tocar los posteriores. Sólo se deben pedir unos pocos trancos a la vez de esta manera.

4. Cuando el caballo ejecute siete u ocho batidas perfectamente iguales sin avanzar más de medio metro, el caballo puede ser montado: aun así, la rienda debe seguir en manos del domador, quien continúa controlando el caballo desde el suelo como antes. Más adelante el domador puede montar el caballo para perfeccionar el movimiento.

Las principales consideraciones del domador deben ser:

• Nunca pedir demasiado. El caballo debe trabajar duro para producir la necesaria impulsión y la acción saltada, de modo que las lecciones no deben durar demasiado y, a ser posible, deben terminar de manera relajada.

• El caballo debe mantener la rectitud. Si intenta entrar la grupa, el domador debe compensar con una posición ligeramente espalda adentro.

Fig. 30. Enseñar al caballo el piaffer pie a tierra.

• Las batidas deben ser iguales. El domador no debe jamás sacrificar esto en el intento de producir una mayor elevación.

• El caballo siempre debe avanzar hacia adelante —aunque sea unos centímetros en cada batida— hasta que la doma alcance su máximo nivel, cuando el objetivo será de 10 a 12 batidas en el mismo lugar.

• Los posteriores tampoco deben entrar demasiado por debajo de la masa, para no sobrecargar el posterior. El caballo tendría dificultad para levantar los pies, con lo cual el movimiento de trote sería irregular y las transiciones hacia adelante demasiado abruptas.

Enseñar montado. Este método, aunque generalmente más fácil para el domador (ya que tiene más control) le es más difícil al caballo por la necesaria elasticidad del dorso.

Las consideraciones principales y los métodos de enseñanza progresivos son similares a los descritos para la enseñanza pie a tierra. Un domador o ayudante camina al lado de los posteriores del caballo. El jinete aplica las ayudas para el piaffer, y el ayudante, si es necesario, toca los posteriores con la fusta para estimular al caballo a flexionarlos y remeterlos. Tan pronto como el caballo se mueva correctamente en bípedos diagonales, elevando las manos más que los pies, se le puede pedir ejecutar este trabajo con más energía. Para lograr esto, hace falta reunión, de modo que justo antes de pedir el inicio del piaffer, se pueden hacer piruetas al paso y transiciones de trote reunido a parada y viceversa.

Es aconsejable enseñar primero el piaffer, pero si el caballo por naturaleza tiene poca impulsión, se puede enseñar el passage primero, no sólo para mejorar la impulsión, sino también para enseñarle a batir enérgicamente.

PASSAGE (pag. 42)

Es un trote muy reunido, elevado y cadenciado. Cada bípedo diagonal es elevado más y con mayor tiempo de suspensión que en cualquier tipo de trote.

Objetivos

• La lumbre de la mano levantada debe estar a la altura del centro de la caña de la otra extremidad anterior. La lumbre del pie levantado debe estar a una altura ligeramente superior que el menudillo del otro pie: es decir, como en el piaffer.

• El cuello debe estar erguido y arqueado, con la nuca como punto más alto y la cabeza cerca de la vertical. El caballo debe permanecer en la mano, aceptando un ligero contacto.

• Los posteriores deben estar bien remetidos y la flexión de las rodillas y los corvejones debe ser acentuada, pero con una elasticidad llena de gracia en el movimiento.

• La impulsión debe ser viva y pronunciada y el caballo debe poder pasar con fluidez del passage al piaffer y viceversa, sin esfuerzo aparente y sin alterar el ritmo.

• Las batidas deben ser regulares, y ni el tercio anterior ni el posterior debe desviarse hacia un lado u otro.

Ejecución

El passage normalmente se enseña montado. Se desarrolla desde el piaffer, el trote reunido y, a veces, desde el paso, según las habilidades y el temperamento del caballo. Lo más usual es enseñarlo desde el piaffer, siempre y cuando el caballo domine este movimiento.

El caballo está en condiciones de aprender el passage cuando llega a la verdadera reunión y extensión, manteniendo la impulsión.

Un ayudante en el suelo puede ser útil, ya que se puede acercar a los posteriores, si es necesario, con una fusta larga y, sin excitar al caballo, le puede pedir mayor impulsión y elevación.

El jinete aplica las piernas, presionando con el mismo ritmo que en el passage, y se sienta profundo, usando el empuje hacia adelante de su asiento (pag. 30). Las manos retienen, diciendo "no más rápido", de modo que el incremento de impulsión sale hacia arriba y produce el passage —los trancos elevados abarcan poco terreno.

Cuando se consiguen unos trancos de passage, hay que mantenerlos solamente lo justo para que el caballo comprenda lo que se le pide y premiarlo.

El jinete puede reducir la presión de sus piernas cuando el caballo entra en el passage, y dejar de presionar cuando quiere volver al trote.

Al igual que en el piaffer, la regularidad en todos sus aspectos es de vital importancia. Solamente cuando se consigue y se mantiene la regularidad, el jinete puede aspirar a una mayor elevación.

El movimiento debe ser fluido y flotante, sin hundimiento del dorso, ni movimientos bruscos de los anteriores.

Se debe vigilar de no abusar de la fusta larga, usada para estimular la actividad de los posteriores, y no usarla demasiado, de modo que pierda su efecto.

Variaciones del passage

Cada caballo posee un tipo de trote característico y natural, que debe expresarse en su piaffer y passage. Por ello hay tanta variedad en los tipos de passage realizados. Lo idóneo es que el ritmo sea el mismo en el piaffer que en el passage.

COMPETICIONES DE DOMA CLÁSICA

La mayoría de jinetes serios aspira a participar en competiciones de doma clásica, y para tener éxito son importantes los siguientes requisitos:

• Tener el caballo relajado en concurso. Esto implica frecuentes visitas a concursos, ya sea para participar o no, sobre todo con caballos temperamentales, o potros.

• Buena planificación del tiempo necesario para el calentamiento, teniendo en cuenta el carácter y las habilidades del caballo y la reprise a correr. El trabajo a realizar (dar cuerda, pasear, calentamiento montado, etc.) y el tiempo necesario se deben programar de antemano.

• Estudiar las hojas de calificación de los jueces para comprobar los fallos que requieren mayor atención y poder entrenar de acuerdo con ello.

• Desarrollar "tablas" o planificación, que incluyan el estudio detenido de la reprise a realizar, su correcta ejecución, el empleo adecuado de la pista y sacar el mayor partido del caballo.

10

Enseñar al caballo a saltar

INTRODUCCIÓN

Los caballos nacen con distintos grados de aptitud para el salto. Es tarea del entrenador desarrollar las aptitudes del caballo, darle confianza para saltar distintos tipos de obstáculos y hacerlo bajo el peso del jinete.

SALTAR

Cuando el caballo salta correctamente, entrando con calma pero enérgicamente a un obstáculo, parece hacerlo sin esfuerzo. Durante los últimos trancos antes de la batida estira el cuello y la cabeza hacia adelante y hacia abajo, y vuelve a levantarlos cuando eleva el tercio anterior. Esto ocurre un momento antes de que los posteriores toquen el suelo. La potente musculatura de los posteriores y la flexión de las articulaciones de la cadera, el corvejón y la cuartilla, empujan el caballo hacia arriba y hacia adelante sobre el obstáculo.

Durante la batida y el planeo, el dorso del caballo debe redondearse y no hundirse, siendo la cruz el punto más alto, con la cabeza y el cuello estirado hacia adelante para ayudar a mantener su equilibrio (el llamado "basculamiento"; figura 23, página 72).

Al descender, la cabeza y el cuello se elevan ligeramente y las manos tocan el suelo, una detrás de la otra, seguidas por los posteriores.

Este estilo es la forma más eficaz de saltar y exige el mínimo de esfuerzo para el caballo. Pero hace falta tiempo para fortalecer la musculatura y desarrollar la flexibilidad para que salte de esta manera. Un entrenamiento precipitado suele resultar en un desarrollo muscular incorrecto, un estilo poco eficaz (como el dorso hundido en el planeo) y muchas veces incluso —ya que el salto requiere esfuerzo— pérdida de confianza y rehúses.

Los músculos que deben desarrollarse mediante el trabajo en pista, salidas al campo, sobre todo subidas y bajadas, y ejercicios de salto gimnásticos, son los siguientes:

• Los músculos de la parte superior del cuello, *no* de la parte inferior.
• Los músculos de las espaldas y antebrazo.
• Los músculos dorsales y lumbares, quizá los mas importantes.
• Los muslos.

EL PROGRAMA DE ENTRENAMIENTO

El primer año de monta es idéntico para el caballo de salto, completo o doma. Se le debe iniciar como se describe en el capítulo 7, y seguir siendo domado como describe el capítulo 8, *Fase Preparatoria*.

El trabajo en el picadero es vital para desarrollar la musculatura correcta y una monta controlada es necesaria para que el caballo salte con el estilo anteriormente descrito. En el caso de un caballo de salto en potencia, se puede poner más énfasis en el salto, en conjunto con su trabajo en pista. Deben usarse obstáculos fáciles, de modo que poco a poco se vaya formando la habilidad y la confianza del caballo.

Cuando se le monta por primera vez, y durante la primera fase de monta como potro, se le puede dar cuerda sobre barras de tranqueo y saltos muy pequeños. Si existen las facilidades, se le puede hacer saltar en libertad. Montado, cuando el caballo se haya relajado y esté suficientemente obediente y fresco, el jinete le puede hacer pasar unas barras de tranqueo al trote, y progresar gradualmente hacia saltos pequeños, cuyo tamaño y variedad irá aumentando poco a poco.

El ritmo del progreso dependerá de la habilidad del caballo y del jinete, pero los factores esenciales son los siguientes:

• Saltar debe ser divertido para el caballo, de modo que no se debe exigir demasiado para su nivel de entrenamiento, ni se le debe pedir saltar cuando está cansado. Las sesiones de salto deben ser breves.

• Poco a poco se pueden introducir saltos más difíciles cuando el caballo sepa saltar los más sencillos con el estilo anteriormente descrito, pero si en algún momento pierde confianza, hay que volver a los saltos sencillos. En cada sesión de salto es importante el calentamiento con barras de tranqueo y saltos pequeños; progresivamente se pasará a los saltos más grandes.

DAR CUERDA SOBRE SALTOS PEQUEÑOS

El caballo primero aprende a saltar sin jinete, a la cuerda. Se comienza al paso sobre una barra en el suelo, después al trote sobre una serie de barras y, finalmente, se le hace saltar algún obstáculo aislado. En todo momento hay que recordar que, para el caballo, es difícil saltar sobre el círculo, y requiere mucha habilidad y experiencia para el domador a la cuerda. Por ello, muchos domadores prefieren limitar el trabajo a la cuerda a barras de tranqueo y algún pequeño salto aislado de no más de un metro. Para la técnica de dar cuerda sobre saltos véase págs. 58-59.

ENSEÑAR EL SALTO EN LIBERTAD

Si se consigue que el caballo salte en libertad con calma, ritmo e impulsión, aprenderá a cuidarse y a desarrollar un buen estilo. Se puede estropear si las instalaciones no son adecuadas y/o el domador es poco experimentado, con el resultado de que el caballo rehúsa, se escapa, o se precipita hacia los saltos. Al igual que el dar cuerda, el salto en libertad sólo tiene valor si se hace bien.

Requisitos

• Un picadero cubierto o cerrado del cual el caballo no puede escapar, o un corredor de salto con una serie de obstáculos pequeños.

• Si se usa un picadero cubierto o cerrado los obstáculos deben tener referencias (reparos o atajadores) para evitar que el caballo esquive el salto.

• El caballo debe conocer y obedecer las ayudas de la voz y de la fusta.

Técnicas. El caballo, equipado con cabezada de cuadra o cabezón y protectores, es paseado una o dos veces alrededor de la pista y después se deja suelto y es conducido alrededor al trote, estimulado cuando sea necesario por la voz y la tralla del domador. Hará falta un ayudante para animar al caballo en una mitad de la pista. Ni el domador ni el ayudante deben quedar por adelante del caballo cuando éste se mueve alrededor del picadero.

Cuando el caballo trota tranquilamente y con buena voluntad, se puede montar un obstáculo con referencia. Es aconsejable dejar las barras en el suelo y no elevarlas hasta que el caballo las pasa al trote en plena confianza. La mejor ubicación para el salto suele ser al salir de la esquina. Es aconsejable poner barras de llamada ante los obstáculos (véase pág. 102), de 2,60 a 3 metros o de 5,50 a 6 metros, para evitar que el caballo entre precipitado o llegue mal. Alternativamente, se puede poner una barra diagonal en la esquina con un salto pequeño a 16 metros de la misma.

Es esencial que el domador y su ayudante presenten el caballo recto ante el salto y no lo persigan hasta llegar a él. Es vital que el caballo salte por propia iniciativa, estimulado por la voz y la presencia de la tralla.

Los obstáculos jamás deben ser engañosos ni demasiado altos. En una fase posterior se pueden usar saltos múltiples.

Hay que premiar al caballo con frecuencia durante la sesión de salto en libertad. Tras varias vueltas correctas se le debe parar, acariciar y, ocasionalmente, se le dará una golosina.

SALTO CON EL JINETE

El caballo no debe empezar a saltar con el jinete hasta que no haya aprendido a saltar en libertad, a ir montado, tenga condición física, y responda a las ayudas.

PRINCIPIOS GENERALES

• Para saltar es aconsejable tener un ayudante disponible para montar obstáculos, asegurar que las distancias entre saltos sean correctas, y por razones de seguridad.

• Los obstáculos deben ser sólidos y consistentes de modo que el caballo no se vuelva descuidado y llegue a tocarlos con facilidad. Al mismo tiempo, deben ser "tentadores", estimulando el caballo a saltar y

no a escaparse, y deben mantenerse bajos para no impresionarle demasiado.

• Las distancias entre obstáculos y la colocación de barras de llamada y de tranqueo deben ser correctas, hasta un nivel más avanzado.

• Un potro debe empezar con saltos que ya conozca y que haya saltado bien a la cuerda. Cuando se intenta un obstáculo nuevo, es conveniente que sea bajo; enseñárselo primero; dejarle oler; y, con un caballo nervioso, saltar detrás de otro caballo experimentado. Hay que evitar rehúses como sea.

• El salto es muy exigente para los tendones y los pies de un caballo joven. Puede ocasionar cojeras y problemas, sobre todo si el suelo es demasiado duro, demasiado blando, o si el caballo aún no tiene condición física para el trabajo que se le pide. Hay que evitar las sesiones de salto demasiado largas.

Nota. No es necesario hacer grandes saltos en casa. El objetivo del domador es familiarizar el caballo con todo tipo de obstáculos y desarrollar un estilo que le haga el salto lo más fácil posible. Esto se puede conseguir con obstáculos pequeños, incluso los caballos veteranos no necesitan practicar sobre saltos de más de 1,20 m.

SISTEMA DE MONTA

El jinete debe ser competente si quiere hacer su trabajo sin molestar a su caballo. Aunque mantenga el control, no debe intentar "colocar" el caballo (ajustar su tranco para hacerlo partir desde una posición determinada).

Tras presentar su caballo recto ante el obstáculo, debe tener en mente los siguientes objetivos:

• Permanecer lo más quieto posible en la posición correcta.

• Mantener un suave contacto con las riendas.

• Aun permitiendo que el caballo se acerque y salte por sí solo, es esencial que tenga suficiente impulsión y, a veces, el jinete deberá generarla con ayuda de sus piernas y —si es necesario— con el asiento y un toque de la fusta (véase pág. 70).

• El caballo saltará con más facilidad en el estilo correcto si llega al salto con equilibrio y por tanto con ritmo. Por ello, el jinete debe ayudar a su caballo a establecer un ritmo y no correr ni frenar ante un salto.

En las primeras fases del entrenamiento para el salto, el caballo debe estar equipado con un collar o petral, para evitar interferencias en su boca —y donde en ocasiones incluso un jinete veterano necesita cogerse (o de la crin).

La posición correcta del jinete se describe en el capítulo 1. Con un potro se adoptará el asiento en suspensión, elevado de la montura, para facilitar libertad de movimiento al dorso del caballo. No obstante, se pueden usar las ayudas de asiento momentáneamente cuando el caballo intenta pararse, o si falta impulsión. En el trabajo con barras de tranqueo al trote es vital que el caballo pueda mover su dorso libremente y que no lo hunda ni lo ponga rígido. Por ello se acostumbra a hacer trote levantado; aunque el trote sentado es aceptable en el caso de un jinete con buen asiento y un caballo con el dorso fuerte y flexible.

LAS FASES DEL ENTRENAMIENTO

Barras de tranqueo. El trabajo sobre barras en el suelo, primero una sola y luego en series, forma una parte esencial en la educación general del potro. Es un ejercicio gimnástico muy útil que le enseña a bajar la cabeza y el cuello, a redondear el dorso, a flexionar las articulaciones, y además a coordinar la acción de sus extremidades.

Distancias entre barras (figura 31). Ya sea en el suelo o levantadas, las barras o «cavaletti» deben adaptarse perfectamente al tranco del caballo. Para la mayoría de caballos y ponis, excepto los más pequeños, las distancias óptimas son de un metro para el paso y de 1,30 m para el trote. Esto último está basado en el tranco de trote promedio de un caballo. Caballos que no coordinan bien o muy grandes, necesitan 1,50 m; los ponis pueden necesitar 1,20 m. Es muy importante mantener las distancias correctas entre las barras. Hay que hacer los necesarios ajustes para adaptarlas al tranco de distintos caballos y de acuerdo con las exigencias del suelo (un piso blando más cortas; un piso firme más largas). El ayudante, pie a tierra, debe estar preparado para volver a colocar las barras que se hayan movido o ajustar las distancias que no se adapten al tranco de un caballo determinado.

ELEVAR LAS BARRAS

Es mejor ponerlas sobre bloques con un hueco en la parte superior, de modo que al tocarlas, se muevan pero no salgan rodando. Los bloques de plástico ligero son idóneos, pero se pueden usar «cavaletti» siempre y cuando los extremos sean cuadrados y pesados. Los de extremos cruzados no son aconsejables ya que estas barras a menudo salen rodando

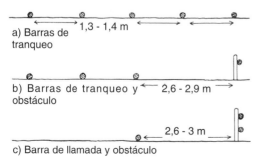

a) Barras de tranqueo — 1,3 - 1,4 m

b) Barras de tranqueo y obstáculo — 2,6 - 2,9 m

c) Barra de llamada y obstáculo — 2,6 - 3 m

Fig. 31. Gráfico mostrando las distancias entre barras de tranqueo y de una barra de llamada ante un salto.

cuando un caballo las toca y pueden causar accidentes. Por la misma razón no es recomendable apilar «cavaletti» para construir un salto.

Técnica. Primero se hace pasar el caballo sobre una barra aislada al paso. Cuando haga esto tranquilamente se pueden poner dos, tres, y luego cuatro seguidas. Después se pueden mover las barras a distancia de trote.

Es importante que el caballo siga tranquilo y mantenga un ritmo. Si se excita, a veces sirve de ayuda el quitar barras alternas. Se le puede trotar en círculo hasta calmarlo y después se vuelven a probar las barras.

INTRODUCIR OBSTÁCULOS

Cuando el caballo sepa trotar correcta y tranquilamente sobre las barras se puede poner un pequeño salto a continuación de la última barra. Debe tener un aspecto tentador, y no superar los 38 cm de altura, preferentemente de barras cruzadas, que dirigen al caballo hacia el centro del salto. El objetivo es que el caballo pase la última barra y, sin tomar otro tranco, salte sobre el obstáculo. Como promedio el caballo necesita entre 2,60 y 2,90 m entre la barra y el salto. Esta distancia debe ajustarse según el tranco más largo o más corto de cada caballo.

BARRA DE LLAMADA

Para ayudar al caballo a llegar en buena posición para la batida, sobre todo en las primeras fases, cuando el jinete no debe interferir, es aconsejable usar barras de tranqueo como se describe anteriormente, o una barra aislada que debe estar entre 2,60 a 3 m. (sin tranco), o a 5-6 metros (un tranco) antes del salto.

TIPOS DE OBSTÁCULOS

Tan pronto el caballo sepa saltar un obstáculo determinado al final de una se-rie de barras de tranqueo, o tras una barra de llamada, con tranquilidad y buen estilo, se le puede pedir saltar del mismo modo un salto ligeramente más alto, más ancho o de tipo diferente.

Salto aislado. Gradualmente el caballo debe introducirse en los saltos (con referencia en el suelo) sin barras de tranqueo ni de llamada. El caballo debe aprender a pensar por sí mismo y debe ajustar su tranco. Si un caballo empieza a correr hacia el salto, con jinetes faltos de experiencia (y en los primeros saltos de toda sesión), es aconsejable volver a usar la barra de llamada.

Combinaciones. El caballo debe ser introducido gradualmente a series de saltos entre los cuales puede tomar uno o dos trancos. Éstos deben empezar muy bajos de altura para que pueda coger confianza.

Normalmente se pone una barra de introducción ante una serie de saltos entre los cuales puede tomar uno o dos trancos. Deben empezar muy bajos, para darle confianza.

Una barra de llamada suele ser aconsejable ante un vertical, y después otro salto a un tranco (3,60 m), hacia un segundo salto a dos trancos (8,20 m).

A medida que el caballo se vuelva más confiado y eficaz se pueden añadir más saltos y variar las alturas y las distancias. El objetivo es que el caballo salte con buen estilo y una batida correcta. Esto significa que:

• Las manos y los pies deben partir prácticamente del mismo sitio.
• Debe doblar los anteriores elevándolos hacia arriba y no hacia atrás y deben permanecer paralelos.
• Debe saltar recto y no torcerse en el aire.
• Debe saltar con calma y buen ritmo.

La distancia entre saltos adecuada para la mayoría de caballos está en múltiples de 2,70 a 3 metros para saltos que no superen el metro. Si el caballo dobla las manos hacia atrás, la distancia es demasiado corta; si todo él se alarga entre los saltos, las distancias son demasiado largas. El primer salto siempre debe ser el más pequeño y el último el más grande.

Al alterar las distancias se puede enseñar el caballo a acortar o alargar sus trancos y de esta manera hacerse más atlético. Pero es importante cambiar las alturas y las distancias muy poco a poco, para que no pierda confianza.

EL GALOPE

Los trancos a las distancias arriba descritas son a galope, pero la entrada debe ser al trote. En las primeras fases del entrenamiento para salto es aconsejable efectuar la entrada a todo salto al trote, ya que a este aire el caballo suele estar más equilibrado y la menor velocidad le estimula a bascular. Algunos jinetes dejan que su caballo se ponga a galope justo antes del salto, pero no es aconsejable hacer toda la entrada a galope hasta que el caballo trabaje satisfactoriamente este aire en pista y los saltos ya superen el metro de altura. A galope el caballo toma los saltos pequeños dentro de su tranco y tiende a aplanarse y no bascular.

CAMBIAR LAS DISTANCIAS

Cuando el caballo salte combinaciones y calles con las distancias correctas, con tranquilidad y buen estilo, entonces se pueden variar las distancias, pero sólo unos centímetros a la vez, para enseñarle a saltar tanto desde trancos largos como cortos. Es mejor mantener una calle ya sea de trancos cortos o de largos en su totalidad. Intercalar distancias cortas y largas en una misma calle es muy difícil y nada aconsejable, excepto para jinetes y caballos muy preparados.

VARIAR LOS SALTOS

Hay que enseñar al caballo a saltar todo tipo de saltos con confianza. Se le debe introducir a versiones en miniatura de todos los obstáculos que se pueda encontrar en la pista de concurso —obstáculos de colores vivos, muros, triples barras, oxers, verticales, setos, barriles, etc—. Al salir al campo, se puede aprovechar la ocasión para introducir al caballo joven a saltar obstáculos extraños, como troncos, setos, bancos, desniveles, agua, etc., mientras sean suficientemente bajos para no impresionarle.

El salto de agua también debe entrar en el programa de entrenamiento. Primero, hay que enseñarle a no tener miedo, para lo cual se le puede pasear por charcos y hacerle saltar pequeños canales y riachuelos, preferentemente detrás de un caballo experimentado. El primer salto de agua que se le pida, no debe ser demasiado ancho (un máximo de tres metros). Además es aconsejable poner una barra de unos 90 cm sobre el centro del agua, para invitarle a saltar en el aire, no al agua.

El jinete debe intentar que el caballo llegue al salto de agua con algo más velocidad que para un salto normal y pedirle que parta lo más cerca posible del agua.

RECORRIDOS

El caballo que deberá competir tiene que aprender a saltar una serie de obstáculos no sólo en línea recta. Para ello se puede construir unos pequeños recorridos de saltos similares, pero menores en número y más bajos que los que se puede encontrar en la pista de competición.

El jinete debe intentar darle la mejor entrada posible a cada salto, de modo que:

a) No debe cortar las esquinas sino dar a su caballo el mayor número posible de trancos en línea recta antes del salto.

b) Mantener el equilibrio y el ritmo del caballo. Para ello probablemente necesitará hacer una media parada y reunir su caballo inmediatamente después de recibirse tras cada salto y hacer un gran esfuerzo para pasar correctamente por cada esquina.

c) El caballo debe tener suficiente impulsión (véase pág. 70) para atacar los saltos, pero la impulsión no debe confundirse con la velocidad. La velocidad sólo hará que el caballo tienda a saltar plano.

SALTAR CON VELOCIDAD

Muchos concursos son contra-reloj, de modo que todo caballo y jinete suficientemente preparados para aspirar a estar entre los ganadores deben aprender a hacer un recorrido con velocidad. Entrar a todo galope a los saltos nunca es aconsejable con un caballo joven, ya que tienden a saltar plano y volverse descuidados. El caballo debe aprender a saltar obstáculos en ángulo y tener suficiente equilibrio para acortar una esquina y —tras uno o dos trancos— tomar el salto.

El jinete debe procurar mantener la impulsión y el ritmo al practicar estas técnicas sobre saltos pequeños.

REHÚSES

Éste es un problema que el entrenador debe intentar evitar a toda costa. Por ello jamás hay que pedir a un caballo que salte un obstáculo de una altura que él y su jinete no sepan. Con obstáculos extraños, hay que darle toda oportunidad de ganar su confianza, empezando muy bajo, teniendo un caballo experimentado que salte primero y haciendo el obstáculo lo más tentador posible, con barra en la base, buena anchura, y atajadores para evitar que se salga.

Si el caballo rehúsa por falta de confianza, o de monta decidida por parte del jinete hay que bajar el obstáculo antes de intentarlo de nuevo. Si el caballo lo hace por desobediencia y empieza a hacerlo con frecuencia se le debe castigar una vez y volver enérgicamente al salto.

Si un caballo que normalmente salta bien empieza a rehusar, es probable que haya sufrido daño. Hay que tomar medidas para descubrir la causa. Puede ser una extremidad, el dorso, o la boca, que le esté causando daño.

CORRER

Hacia el salto. De esta manera el caballo difícilmente podrá estar equilibrado o llegar bien al salto para una batida correcta. A menudo se considera que es debido a demasiadas ganas de saltar; por el contrario, suele ser debido a falta de confianza y el caballo intenta acabar cuanto antes con la situación inquietante (el salto).

Para corregirlo:

• El jinete debe dar confianza a su caballo, cosa que se logra mejor haciéndole saltar con frecuencia saltos pequeños y aislados, de manera que se convierta en una rutina, más que en un esfuerzo aislado. Es mejor no intentar saltos seguidos. Tras hacer un salto, el caballo debe relajarse antes de intentar otro.

• El jinete puede hacer describir círculos a su caballo frente al obstáculo hasta que adquiera el ritmo necesario y, sólo entonces, permitirle saltar.

• Se pueden poner barras de tranqueo antes del obstáculo. Suele ser mejor entrar a paso en la primera de la serie.

• Se pueden saltar calles con frecuencia, pero con obstáculos bajos.

• Saltar desde el círculo, de modo que la entrada al salto sea más corta.

Después del salto. Es importante que el caballo recupere su equilibrio lo antes posible después del salto y que no salga corriendo. Cuando ni la voz ni las medias paradas (pero sin tirar de las riendas) son eficaces, se puede poner una barra al salir del obstáculo, a 6,50 o 9,50 m.

PARTIR DE CERCA

El caballo que parte demasiado cerca

del obstáculo muestra falta de experiencia y/o de confianza.

Para corregirlo:
• Hay que procurar que el caballo tenga suficiente impulsión para poder saltar el obstáculo.
• Poner una barra de llamada justo antes del obstáculo.
• Las distancias entre saltos combinados se pueden alargar poco a poco para que aprenda a alargar el tranco y partir desde más lejos.
• Usar barras de llamada para obligarlo a partir desde más lejos.

SALTAR CON EL DORSO HUNDIDO

El caballo tiende a saltar demasiado plano y con el dorso hundido cuando se acerca con demasiada velocidad al salto o parte de lejos.

Para corregirlo:
• Saltar desde el trote más que desde el galope.
• Usar barras de llamada delante de los saltos para animarlo a meterse debajo. Empezar con una distancia que le sea fácil y, poco a poco, acortarla de modo que tenga que partir más cerca del salto.
• Saltar muchas paralelas, amplias y bajas, que animan al caballo a bascular y a doblar las manos.
• Utilizar muchas calles con distancias relativamente cortas entre los saltos.

FAMILIARIZAR

La primera salida a pista en un concurso de salto suele ser una experiencia que pone a prueba los nervios. Por ello es aconsejable llevarse el caballo a un concurso antes de que empiece a competir, para acostumbrarlo a este ambiente excitante.

11

Entrenamiento para completo

INTRODUCCIÓN

Para tener éxito en el concurso completo el caballo debe saber arreglárselas con la gran variedad de problemas que se puede encontrar en la competición hoy en día. Tanto el caballo como el jinete deben aprender a base de un entrenamiento cuidadoso y familiarizarse con la forma de entrar a cada salto y saber cómo saltar la variedad de saltos que se pueden encontrar en la competición.

ENTRENAMIENTO INICIAL

Los objetivos del entrenamiento básico consisten en enseñar al caballo a:

• Regular su ritmo y amoldarse a todo tipo de terreno, pendientes y pasos de agua.
• Respetar los obstáculos fijos.
• Tener seguridad en el terreno, estimulándolo desde el principio a resolver las cosas por sí solo.
• Ser fuerte y capaz de trabajar en todo tipo de climatología. No debe estar "sobreprotegido".

Trabajo en llano. Debe continuar de la manera que se describe en el capítulo 8.

Ejercicios de salto. La habilidad atlética del caballo se prepara a lo largo de los meses con ejercicios variados, incluyendo barras de tranqueo, calles y pequeños saltos, que se tomarán desde diferentes ángulos, tanto al trote como al galope. En estos saltos de ángulo, el jinete debe ser capaz de utilizar ambas manos de modo independiente para guiar el caballo eficazmente, manteniendo las piernas puestas al caballo en todo momento.

Los ejercicios de salto se harán dos o tres veces por semana, alternando con el trabajo en el picadero y en el campo, y deben estar basados en el trabajo descrito en el capítulo anterior.

Trabajo en el campo. En las salidas al campo, el caballo debe aprender a salvar todo tipo de terreno y de suelo. Debe aprender a mantener su equilibrio en subidas y bajadas y sobre terreno desigual. Lo mejor es dejarle en lo posible las riendas más bien largas, de modo que el caballo pueda pensar por sí mismo y equilibrarse sin la ayuda del jinete. Saltar pequeños obstáculos en el campo le enseñarán a estar alerta y tener buenos reflejos. Hay que atravesar agua siempre que sea posible.

Es importante que el caballo no coja miedo jamás, así que:

• Todo lo que se haga debe entrar dentro de las capacidades de su nivel de entrenamiento.
• Los obstáculos deben ser seguros, con

buen firme para las batidas y las salidas de los saltos. Una mala experiencia en las primeras fases pueden minar la confianza del caballo.

Enseñanza sobre saltos campo a través. Esto puede empezar cuando el caballo tenga suficiente confianza con los saltos en pista y sobre un metro de altura, cuando tenga suficiente equilibrio y sea controlable en saltos combinados, y cuando sea capaz de alargar y acortar sus trancos. Harán falta varias sesiones. La primera debe ser sobre obstáculos rectos de distintos tipos y de hasta 90 cm. En las siguientes sesiones se empieza con unos saltos sencillos y, poco a poco, se va aumentando la dificultad, incluyendo los típicos saltos de completo, variando los ángulos y las esquinas. El caballo debe familiarizarse progresivamente con el tipo de obstáculos que se encuentra en los recorridos de Concurso Completo. Siempre hay que acabar con buen pie —antes de que el caballo se canse—.

Caza. Algunos caballos aprenden la técnica del salto de completo mucho antes que otros, pero para todos es beneficioso participar una temporada en cacerías, que enseña tanto al jinete como al caballo a moverse campo a través y a pensar con rapidez en terreno desconocido. Es así como el caballo aprende a desarrollar una "quinta pata" y a divertirse saltando cosas inesperadas.

Competiciones de caza. Cuando el caballo sepa saltar pequeños obstáculos de completo con confianza podrá participar en alguna competición de caza para debutantes. Las clases por parejas son excelentes para un caballo tímido, que junto a un caballo veterano como guía puede ganar confianza.

El progreso hacia la competición más avanzada depende del comportamiento del caballo en los niveles inferiores. Cuando

vaya bien en un nivel bajo se le puede pedir un poco más y aumentar la dificultad, siempre y cuando el caballo tenga confianza para poder con ello. Nunca hay que pedir demasiado.

TIPOS DE OBSTÁCULOS

Los obstáculos de completo se pueden dividir en varias categorías de acuerdo con el tipo de monta exigido para salvarlos con seguridad a la velocidad que se requiere para el completo.

Cada obstáculo merece respeto. Todo tipo de obstáculo debe tratarse con respeto. Demasiadas veces son los "sencillos" los que causan mayores problemas. Esto suele ocurrir porque se pone más atención para entrar y saltar los complicados —de modo que a menudo causan menos problemas en comparación—. El jinete debe tratar cada obstáculo como el *más* importante, dándole la mayor ayuda posible al caballo para resolverlo. Si se monta de esta manera, el caballo aprende a confiar en su jinete y viceversa, y el binomio se vuelve compenetrado, cada uno confiando en su capacidad para resolver cualquier recorrido. La confianza es uno de los aspectos más importantes en el completo.

Saltos verticales

Los verticales deben representar pocos problemas, aunque su grado de dificultad depende de cómo y dónde estén construidos. El jinete debe vigilar si:

• Hay una falsa línea de suelo (la barra más cercana del suelo se halla más lejos que las elevadas). Caballo y jinete suelen tomar esta barra como referencia para la partida. Si lo hacen cuando esta línea no es real, entrarán demasiado cerca al salto.
• El suelo es desigual.
• El obstáculo queda bien visible desde la línea de entrada.
• La altura del obstáculo.

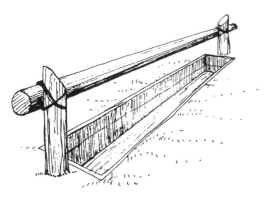

Fig. 32. *Trakehner.*

Fig. 33. *Trampa de tigre.*

Objetivos
• Entrar recto a cada salto siempre que sea posible.
• Ser eficaz, nunca pedir demasiado, saltando desde demasiado lejos ni entrando demasiado cerca.
• Procurar suficiente impulsión si el vertical se halla en la cima de una pendiente. Así se asegura que los corvejones del caballo estén por debajo de él en la batida.
• Si el vertical se encuentra al final de un descenso hay que acercarse con buen ritmo, asegurándose de que el caballo no caiga sobre el tercio anterior, sino que permanece entre la mano y las piernas. De este modo podrá saltar fácilmente y mantener su equilibrio al recibirse.

Fondos

Objetivos
• Entrar con suficiente impulsión. Entrar demasiado lento requiere un esfuerzo en el último momento que fácilmente puede asustar al caballo joven.
• Procurar no partir de lejos, con lo cual el salto resulta aún más ancho para el caballo sin necesidad.
• Si la anchura del salto es inclinada, el jinete no debe dejar que el caballo salte demasiado hacia arriba, y debe permitirle toda la rienda que necesite.

• Si se trata de paralelas, hay que entrar recto y eficaz, manteniendo el caballo entre mano y piernas y no dejar que caiga sobre el tercio anterior. Para evitar desastres, el caballo debe partir a tiempo para salvar la barra frontal.

Fosos y rías
• A los fosos hay que entrar enérgicamente, sobre todo con el tipo de caballo que tiende a mirar en el último momento.
• A las rías hay que entrar enérgica pero eficazmente, estimulando al caballo a saltar hacia arriba. Las piernas se aplican con firmeza, y se mantiene buen contacto con las riendas para lograr que el caballo salte limpio. A menudo los bordes de fosos y rías son algo blandos.
• Los fosos grandes y anchos (las "tumbas") requieren una monta muy enérgica con las piernas firmes y, a veces, el asiento, y buen contacto con las riendas para estimular al caballo a saltar hacia arriba y hacia adelante. Si se monta de esta manera, rara vez causarán problemas pese a su aspecto impresionante.
• Los fosos abiertos con setos y barras siempre deben atacarse con decisión.
• Las barras sobre fosos, trakehners y trampas de tigre (figuras 32 y 33) a menudo dan problemas porque el caballo (y el ji-

nete) tiende a mirar hacia abajo, perdiendo impulsión para resolver el salto. Para este tipo de saltos hace falta una monta con decisión, con mucha pierna, estimulando al caballo a saltar hacia adelante y hacia arriba. Este tipo de obstáculo, aunque sencillo, a menudo resulta problemático para caballos jóvenes.

• Las barras anguladas sobre un foso se saltan mejor entrando en línea recta y sobre el centro, o ligeramente hacia un lado, donde la barra esté más alejada, ya que el foso puede servir de línea base.

Agua

La entrada al agua debe hacerse con cuidado y con cabeza.

Calcular el salto al agua

Es difícil calcular el ritmo a que se debe ejecutar un salto al agua sin saber la profundidad y el tipo de suelo. Por ello, antes de intentarlo a caballo, es aconsejable andar por el agua para comprobar que el fondo sea liso y no tenga agujeros ni zonas blandas, medir la profundidad y comprobar si se trata de agua estancada o hay corriente.

Objetivos a saltar

• La entrada no debe ser demasiado rápida, ya que el impacto del agua al recibirse el caballo tiende a hacerlo caer sobre su tercio anterior. Tampoco hay que entrar demasiado lento, lo cual podría causar una parada innecesaria. Normalmente un buen trote o un galope "bien marcado" es lo más eficaz.

• Hay que estimular al caballo a saltar lo más lejos posible, para evitar que caiga demasiado "en picado".

• Como la mayoría de saltos al agua tienen cierta inclinación hacia abajo, el jinete debe ajustar su posición para evitar caerse hacia adelante al recibirse el caballo. Así le ayuda a mantener el equilibrio y facilita el montar hacia adelante inmediatamente después.

• Los saltos dentro del agua o con agua delante se saltan mejor desde el trote para evitar grandes salpicaduras, que pueden quitar visibilidad al caballo.

Se pueden evitar muchos fallos si se entra al agua a un ritmo sensible. Un acercamiento controlado y decidido y el control del caballo al recibirse son los dos factores principales.

Combinados

Todos los saltos combinados requieren una monta eficaz y controlada y los más difíciles son una verdadera prueba de la habilidad atlética del caballo.

Objetivos

• *Cercas con variedad de ángulo entre sí*. Éstas requieren práctica en casa, de modo que el caballo esté familiarizado con todas las diferentes formas y distancias a uno o dos trancos (pág. 104). La línea de entrada es de suma importancia. Una vez determinada la mejor línea de acercamiento, el secreto de su éxito está en la línea recta sobre el obstáculo. Cuando se haya decidido la ruta que proporcione las mejores distancias al caballo, es importante llegar al punto exacto para la partida. Por ello se determina una línea a través del obstáculo, desde un punto geográfico en línea recta hacia otro: por ejemplo desde un ár-

Fig. 34. Foso. Las cercas antes y después del foso deben fijarse, de modo que si un caballo las toca, no las pueda arrastrar hacia abajo, lo que podría ocasionar una caída.

bol en un punto estratégico hasta un poste de telégrafos.

• *Saltos en serie* (dobles, triples), que requieren mucha agilidad, son muy difíciles para caballos rígidos. Hay que entrar con firmeza, pero con mucha impulsión, de modo que el caballo parezca un muelle apretado que se suelta sobre cada salto. Si se entra demasiado veloz a este tipo de salto, con el caballo sobre el tercio anterior, se invita al desastre. Hay que procurar la impulsión controlada hacia adelante. La introducción para ello es practicar calles, aunque también hace falta practicar sobre saltos más altos con distancias más amplias para enseñar el caballo a emplearse correctamente. Hay que empezar con saltos pequeños a una distancia de 3 a 3,30 m. A medida que se sube la altura, la distancia se puede alargar a 3,60 m o más para adaptarla al tranco del caballo.

Estos saltos son muy exigentes para el caballo y no hay que excederse. Dos o tres intentos con éxito son suficientes. El caballo siempre debe haberse calentado sobradamente antes de practicar este tipo de ejercicios.

Fosos (figura 34)

Estos saltos delatan al despistado y deben dominarse antes de atacarlos en competición.

Para practicar

Cuando el caballo tenga confianza para saltar todo tipo de fosos se le puede introducir a la cerca a uno o dos trancos inmediatamente después del foso, y después progresar a saltar una cerca antes del foso. Tan pronto tenga confianza, se le puede pedir saltar cerca-foso-cerca, variando las distancias de las cercas a ambos lados del foso.

Objetivos al saltar

• La entrada es de suma importancia, pero la técnica depende de la ubicación del obstáculo. Normalmente la entrada es hacia abajo, y la salida cuesta arriba. Este obstáculo requiere una monta firme y decidida. Es posible que el caballo no vea el foso hasta el último momento, de modo que el factor importante es que tenga suficiente impulsión y sea montado hacia adelante en los últimos trancos, para evitar que se pueda parar.

• Ya que la salida suele ser cuesta arriba y puede estar bastante cerca del foso, hay que mantener el caballo en equilibrio y no permitir que se lance desde el fondo y no llegue a salvar el último componente del obstáculo.

• La posición del jinete es de suma importancia en estos obstáculos. Si se queda por adelante o por detrás del movimiento del caballo en el momento crucial puede molestarle e impedir que complete el salto.

Taludes

Objetivos al saltar

• Se debe entrar con gran impulsión, pero no demasiado rápido, ya que cuando el caballo salta cuesta arriba, pierde impulso. Éste es un principio importante para el completo. Se gana impulso al saltar cuesta abajo, pero se pierde al hacerlo cuesta arriba. Esto se debe tener en cuenta.

• Se debe entrar en línea recta.

• Una vez en la cima, el jinete debe mantener la impulsión hacia adelante.

• Al saltar hacia abajo, hay que ayudar al caballo a equilibrarse manteniendo una posición erguida y no dejar que las piernas se vayan hacia atrás.

• En un "banco de Normandía" —un talud con cerca en la salida— hay que mantener una gran impulsión hacia adelante, sobre todo en aquellos diseñados con salto al vacío en la salida. Hay que dejar que el caballo salte bien a la salida para evitar una caída "en picado", que puede ser el caso si se ataca este obstáculo demasiado lento.

Escalones hacia arriba y hacia abajo

Objetivos

• Los escalones arriba requieren buena impulsión para compensar el efecto de pérdida de impulso al saltar hacia arriba. Cuando hay varios, se debe mantener el empuje hasta la cima.

• Los escalones o saltos hacia abajo requieren que el caballo vaya muy firme, de modo que no se reciba con demasiado ímpetu, que entonces no podrá controlar y hará que se desequilibre. El jinete debe mantener su peso erguido y fuera del tercio anterior. Los escalones hacia abajo se harán mejor desde el trote.

Esquinas

Las cercas de esquina requieren una entrada exacta, bien calculada, y una monta en línea recta. Lo más seguro es escoger la ruta que muestra la figura 35.

Saltar esquinas

Hay que determinar la línea de entrada, permitiendo suficiente espacio para saltar: no tan cerca de la punta y la bandera que exista el riesgo de escapada, ni tan hacia dentro que las cercas estén demasiado separadas para saltarlas con seguridad. Hay que estudiar la valla cuidadosamente a pie, de manera que se tenga claro el punto donde saltar. Entonces hay que retirarse de la cerca, para determinar la línea de entrada a seguir. Escoja un punto de referencia en el paisaje que pueda reconocer a

caballo —es decir, en el lado más lejano— y procure montar hacia ese punto para asegurarse de llegar completamente recto a este salto.

Objetivos

Monte hacia los puntos de referencia. Tome el salto con precisión. Así se asegura una buena monta sobre una cerca de esquina.

SALTAR CON VELOCIDAD

El salto de concurso completo requiere mayor velocidad que el salto en pista. El jinete debe ayudar al caballo a salvar obstáculos fijos y sólidos, montando con sensibilidad y manteniéndole bajo control en todo momento. A medida que el caballo gana experiencia se puede aumentar la velocidad, pero siempre debe escuchar y seguir obediente de modo que se le pueda equilibrar para los giros y los saltos. Un buen ritmo regular, sin tirar innecesariamente, y buscando siempre la ruta más directa entre un obstáculo y otro, es más importante que la velocidad y será menos exigente para el caballo.

LA POSICIÓN DEL JINETE

Debe adoptar el asiento en suspensión para salto, con los estribos acortados, el asiento elevado de la montura y un buen contacto con las riendas. Al entrar a un obstáculo, las piernas deben fijar y equilibrar el caballo. El jinete debe bajar su asiento en el grado necesario para mantener la suficiente impulsión para un salto determinado: por ejemplo, más firme en verticales que en los saltos con una buena línea de base. Al salir del salto, el jinete debe volver a adoptar el asiento en suspensión.

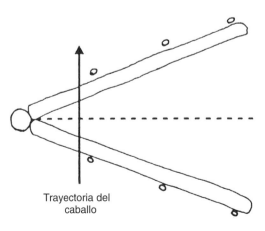

Trayectoria del caballo

Fig. 35. Una cerca de esquina mostrando el camino más seguro para el caballo: es decir, en ángulo recto sobre la línea que divide en dos la esquina.

EL GALOPE

El galope debe ser perfeccionado antes de participar en competiciones de nivel mayor. Esto además ayudará a mejorar los pulmones y la condición física del caballo. Al trabajarlo en el campo, el caballo debe aprender a galopar con fuerza, pero obediente y calmado. Hay que recordar que para un recorrido de cross no hace falta un galope de carreras, y al entrenar para un concurso completo de un día es más importante practicar un galope controlado, incluyendo subidas y bajadas, y obstáculos. Para un concurso completo de tres días, el caballo sí debe aprender a galopar recorridos más largos, pero es un error esforzarle demasiado, ya que existe el riesgo de que quede agotado o cojo antes de llegar a la fase del salto en pista.

Las galopadas siempre deben efectuarse en el mejor suelo posible, y, de poder ser, ligeramente cuesta arriba, ya que así se cargan menos sus extremidades y ayuda a hacer pulmones.

No se deben hacer galopes hasta que el caballo tenga condición física y haya trabajado seriamente durante al menos de seis a ocho semanas. Comience con un galope de cinco o seis estadios (tramos de 400 metros), procurando mantener el caballo equilibrado y bien entre la mano y las piernas. Comience lentamente, y después empuje el caballo sobre los últimos 400 metros, para hacerle resoplar. Póngalo al paso. No permita que se duerma. Afloje la cincha y paséelo hasta que se haya enfriado y deje de resoplar.

La cantidad y distancia del galope dependerá de cada caballo y del terreno, ya que galopar cuesta arriba es mucho más exigente que en llano.

ENTRENAMIENTO DE INTERVALOS

Ésta es una alternativa a las galopadas como método para poner en condiciones al caballo de completo adulto. Se alternan breves periodos de trabajo con breves periodos de recuperación (los intervalos). Está basado en el método aconsejado por Jack le Goff y los métodos de entrenamiento de intervalos usados por los atletas.

Principios

- El cuerpo se adapta al estrés de las exigencias, siempre y cuando se le dé tiempo. Por ello se piden esfuerzos repetidos pero poco tiempo a la vez.
- Los intervalos son calculados de modo que la recuperación no es completa antes de volver a pedir el siguiente periodo de trabajo.
- Los periodos de trabajo se diseñan para evitar el máximo de estrés, de modo que el sistema respiratorio, cardiovascular y muscular se desarrollan gradualmente.
- Sólo se aplicará una vez cada tres o cuatro días, ya que el metabolismo necesita este largo tiempo para volver a la normalidad.

Empleo. El entrenamiento de intervalos solamente es apto para:
- Un caballo adulto.
- Un caballo sano.
- Un caballo que haya hecho de cuatro a ocho semanas de preparación física (es decir, esté capacitado para hacer un recorrido de campo de dos horas).

Cálculo de tiempo. Se necesitan de seis a doce semanas de entrenamiento de intervalos antes de un concurso completo de tres días.

Programa. Se diseña un programa de modo que la distancia y la velocidad vayan aumentando gradualmente. Está enfocado a un mínimo de dos competiciones.

Antes de galopar, el caballo debe ser calentado con 30 minutos de paso y trote.

Después de galopar, se le debe enfriar mediante trabajo suave de hasta una hora. Esto es esencial para ayudar el sistema vascular a excretar residuos acumulados durante el ejercicio.

Todo trabajo debe llevarse a cabo con el caballo en la mano y obediente a las ayudas.

Programa individual

Es importante que el programa sea adaptado a las necesidades individuales del caballo en cuestión. Los aspectos que pueden variar son:

• *Los intervalos.* Varían de uno a cuatro minutos. Al principio del entrenamiento se pueden necesitar cuatro minutos para que el caballo se recupere "casi del todo", pero cuando esté en forma, solamente un minuto.
• *Periodos de trabajo*
Duración. Varían de 3 a 12 minutos pero en total, una sesión de entrenamiento no debe exceder de 35 minutos. El objetivo es llegar a galopar, como mínimo, la distancia de la carrera de obstáculos y del cross country juntos.

Nota. Los caballos excitables pueden galopar distancias más largas pero más lentamente.

Cantidad. Un máximo de tres periodos de trabajo.
Frecuencia. El entrenamiento de intervalo puede usarse una o dos veces por semana. Con un caballo joven, una vez a la semana puede ser suficiente, pero normalmente se va progresando hasta dos veces por semana.
Velocidades. Éstas varían desde el trote, hasta un galope de unos 600 metros por minuto. Los caballos jóvenes pueden iniciar su entrenamiento de intervalos con periodos de trote, pero la mayor parte del trabajo se hará a "media velocidad" —un galope de aproximadamente 400 m/min—. A medida que el caballo esté más en forma se puede incrementar hasta 500 m/min y, eventualmente, periodos de media hasta una milla a 600 m/min.

Nota. Los caballos que compiten en con-

cursos de una o dos jornadas antes del concurso de tres días no necesitan hacer el trabajo más veloz hasta las últimas dos o tres semanas. Los caballos de "piernas flojas" deberán trabajar cuesta arriba en vez de hacer velocidad en llano y, según su "pulmón", pueden necesitar uno o dos "apretones" cerca de la velocidad máxima sobre 500 metros cuesta arriba diez días antes del concurso.
Terreno. Si es accidentado, las distancias se pueden reducir hasta un 25 %.

Nota. El terreno variado ayuda a mantener el caballo fresco.

• *Trabajo en los días que no se galopa.* Si el caballo trabaja fuertemente durante hora y media en estos días se necesitará menos galope. Si no hace tanto, se necesitará más. El trabajo en estos días depende del entrenador y es el mayor punto de divergencia en los programas de galope.

Nota. Tras una competición, el caballo suele necesitar un mínimo de siete días antes de volver a galopar.

El caballo. El tipo de caballo y el cuánto hace que estuvo en plena forma afecta mucho al programa. Un pequeño purasangre que estuvo en forma hace poco, necesita menos trabajo que un caballo de sangre fría que en realidad nunca estuvo en plena forma.

Evaluar la condición física.

Frecuencia cardíaca y respiración. La frecuencia cardíaca puede variar pero una vez se haya establecido una norma, el control de los niveles y del tiempo de recuperación del corazón y de la respiración ayuda a evaluar la condición física. Para una comparación eficaz se deben tomar las mismas cantidades de ejercicio y los mismos intervalos después del trabajo. Un método consiste en comparar las frecuencias tras uno, cinco y diez minutos. A medida que el entrenamiento progresa, las frecuencias deben bajar.

Las pulsaciones en descanso normalmente están entre 36 y 44 por minuto, y el nivel máximo puede llegar sobre las 200. Para un efecto máximo del entrenamiento, el nivel de pulsaciones debe quedar entre 80 y 100 mientras el caballo esté trabajando.

Las respiraciones en descanso normalmente están entre 10 y 16 y no deben superar las 100 durante el trabajo.

Pueden producirse falsas lecturas, ya que un caballo excitado tiene las pulsaciones altas y un caballo sudando puede respirar muy rápidamente. Hay que establecer la norma para cada caballo individual en una situación concreta.

Intuición (sensibilidad). El ojo experimentado del entrenador y la sensibilidad del jinete deben juzgar la condición física del caballo y saber programar su trabajo. No hay nada como conocer bien a su caballo, ya que es un animal vivo único, con sus propias capacidades, limitaciones y requisitos.

LA SALIDA Y LA META

La salida. Ésta es importante, ya que una rápida salida puede ahorrar valiosos segundos. Hay que practicar la entrada a paso en un box de salida o zona similar.

Manteniendo la calma se debe pasear al caballo en un círculo pequeño hasta que el juez que da la salida empieza la cuenta atrás en cinco segundos. Entre al paso en el box en dirección contraria a la salida. Gire el caballo con calma de modo que quede dispuesto a salir sin alarmarlo. El jinete no debe pelearse con un caballo excitado. El caballo se tranquiliza antes si el jinete queda sentado tranquilamente y mantiene un firme contacto con las riendas.

La meta. Tras pasar la meta, mantenga la cabeza del caballo en alto y póngalo gradualmente al paso. Entrar corriendo con las riendas sueltas es peligroso, ya que un caballo cansado se viene abajo fácilmente si tropieza.

LLEVAR PESO

Esto no suele causar problemas, siempre y cuando el peso se distribuya por igual a ambos lados, dentro de una bolsa. Recuerde siempre tirar la bolsa del peso hacia arriba bajo el borrén adelantero de la silla antes de ajustar la cincha. Puede causar molestias si ejerce presión sobre la cruz. Es aconsejable practicar la monta llevando pesos para acostumbrar al caballo que nunca las haya llevado, y si se ha de llevar un peso considerable, incluso algunas sesiones de salto acostumbrarán al caballo a la diferencia de peso.

EQUIPO DE SEGURIDAD

No se puede poner suficiente énfasis en la seguridad cuando se corre un cross. Desde luego se aconsejan campanas, protectores, sobrecincha y un petral. Se pueden usar ramplones atrás, y si el piso es muy deslizante también en los anteriores. Un casco homologado para completo es obligatorio en el cross. Tambien se recomienda un chaleco protector.

RESUMEN

Ante todo hay que recalcar mucha paciencia y un entrenamiento bien pensado: son factores vitales en la educación de un caballo joven. Si al principio se dedica tiempo a aumentar poco a poco la habilidad y la confianza del caballo, el resultado será premiado con muchas horas de monta felices en cross country, que es la faceta más excitante del deporte ecuestre.

Tabla de conversión	
1.600 m = 1 milla aprox.	Media velocidad = 400 m/min aprox.
2.400 m = 1,5 millas aprox.	3/4 velocidad = 600 m/min aprox.
3.200 m = 2 millas aprox.	Velocidad máxima = 800 m/min aprox.

UN POSIBLE PROGRAMA DE ENTRENAMIENTO DE INTERVALOS PARA PREPARAR UN CABALLO PARA UN CONCURSO COMPLETO DE TRES DÍAS HABIENDO COMPLETADO EL TRABAJO BÁSICO DE CONDICIÓN FÍSICA

Nota. Donde no se indican las velocidades, simplemente se divide por los minutos, es decir, Semana 1 4/1600 m = 400 m/min.

Semana	Sesión	Minutos/distancia del 1er. periodo de trabajo	Minutos de descanso	Minutos/distancia del 2º periodo de trabajo	Minutos de descanso	Minutos/distancia del 3er. periodo de trabajo
1	a	4/1.600 m				
	b	6/2.400 m				
2		4/1.600 m	3	4/1.600 m		
3	a	4/1.600 m	3	6/2.400 m		
	b	4/1.600 m	3	6/2.400 m		
	c	6/2.400 m	3	6/2.400 m		
4	a	6/2.400 m	3	6/2.400 m	3	6/2.400 m
	b	4/1.600 m	3	6/2.400 m		
5	a	6/2.400 m	3	8/3.200 m hasta llegar a 520 m/m en los últimos 500 m.		
	b	6/2.400 m	3	8/3.200 m a 520 m/m sobre 500 m y 600 m/m en los últimos 500 m.		
6		Concurso de un día: 3.800 m a 520 m/m en el Cross. Descanso*.				

7	a	5/2.000 m	3	7/2.800 m a 500 m/m en los últimos 800 m.		
	b	6/3.400 m	2	9/2.600 m a 600 m/m		
8	a	6/2.400 m	3	6/2.400 m a 520 m/m	2	8/3.200 m comenzando a 500 m/m y llegar a 650 m/m en los últimos 1.600 m.
	b	9/3.600 m a 570 m/m sobre 500 m.	2	8/3.200 m comenzando a 550 m/m hasta 700 m/m		
9		Concurso de dos días: Steeplechase 3.000 m a 690 m/m - Cross 5.500 m a 570 m/m Descanso*.				
10	a	6/2.400 m	3	8/3.200 m a 550 m en los últimos 500 m.		
	b	7/2.800 m	2	9/3.600 m a 650 m		
11	a	9/600 m 550 m/m sobre 800 m	2	8/3.200 m comenzando a 550 m/m aumentando hasta 700 m/m en los últimos 1.600 m.	1	4/1.600 m a 700 m/m
	b	6/2.400 m	2	6/2.400 m comenzando a 500 m/m aumentando hasta 600 m/m		
12		Día del apretón antes de la Prueba de Resistencia. Pruebe 500 m cuesta arriba a 750 m/m				

* Según el caballo pueden hacer falta más días de descanso.

Índice Alfabético

Anotaciones personales